CRÓNICAS DE LA ALEMANIA NAZI

MANUEL CHAVES NOGALES

CRÓNICAS DE LA ALEMANIA NAZI

CÓMO SE VIVE EN LOS PAÍSES DE RÉGIMEN FASCISTA

PÁGINA INDÓMITA

© de la presente edición, PÁGINA INDÓMITA, S.L.U.
Providencia 114 bis, 4° 4ª. 08024 Barcelona
www.paginaindomita.com

Diseño de cubierta y composición: Ángel Uzkiano
Imagen de cubierta: Congreso de Núremberg
(Reichsparteitag) de 1934
Impresión y encuadernación: Romanyà Valls
Primera edición: mayo de 2025
Segunda reimpresión: diciembre de 2025

ISBN: 978-84-129857-3-3
Depósito legal: C-563-2025

ÍNDICE

PRÓLOGO DEL EDITOR

En la primavera de 1933, Manuel Chaves Nogales, «liberal, ciudadano de una república democrática y parlamentaria», viaja a Alemania e Italia con el objetivo de ofrecer a los lectores del periódico *Ahora* —del que es redactor jefe y subdirector— un gran reportaje sobre «cómo se desenvuelve la vida de los ciudadanos que deliberadamente o por imperio de la fuerza se hallan sometidos a la tutela del régimen fascista».[1]

El 7 de mayo, *Ahora* anuncia a toda página la inminente publicación del reportaje, con tres grandes titulares: «Cómo se vive en los países de régimen fascista», «Sesenta millones de alemanes bajo el signo de la [e]svástica y cuarenta millones de italianos bajo el *fascio* de los lictores» y «Mussolini y Hitler, los semidioses de nuestro tiempo». En el texto principal se lee:

> Chaves Nogales, en su encuesta por las grandes ciudades, los pueblos y las aldeas de Alemania e Italia, ha pro-

---

1. Como «liberal, ciudadano de una república democrática y parlamentaria», se definirá el propio autor en el célebre prólogo de *A sangre y fuego* (1937), Página Indómita, Barcelona, 2025.

9

curado traer al público español una sensación directa, viva y, en cuanto es humanamente posible, imparcial de lo que es el fascismo en la vida cotidiana de los ciudadanos que hoy ponen su esperanza de salvación económica y moral en las virtudes milagrosas de la concepción fascista del Estado. La consolidación de este régimen en Italia al cabo de los años y su reciente explosión triunfal en Alemania hacen que en estos momentos se vuelvan hacia esos dos países las miradas curiosas de los ciudadanos españoles lanzados ahora a la conquista de un régimen substancialmente opuesto al fascismo. ¿Quién tiene razón? ¿De quién es el porvenir?

Y más adelante:

En la primera parte de este reportaje, Chaves Nogales describirá la situación del pueblo alemán, la organización y funcionamiento de las fuerzas de asalto y de defensa del hitlerismo después de haber conquistado el Poder, la metódica extirpación de los judíos, el encuadramiento militar de las masas de población, el renacimiento de los ideales imperiales […] y la radical estrangulación del comunismo y el socialismo; es decir, la formidable revolución que en estos momentos se está operando en los campos, los talleres, las fábricas, las grandes urbes y las aldeas de Alemania bajo el poder omnímodo de un solo hombre salido de la nada para convertirse en un semidiós: Adolfo Hitler.

Si bien consta que el autor estuvo en Italia, por desgracia solo vio la luz finalmente esta primera parte del reportaje, dedicada a la Alemania nazi y publicada en 13 entregas desde el 14 al 28 de mayo de 1933, que es la que aquí ofrecemos al lector.

Chaves Nogales llega a Alemania, pues, recién fallecida la República de Weimar e instaurado el Tercer Reich; es decir, el contexto histórico del país es de manera resumida el que sigue.

En las elecciones federales de julio de 1932 el Partido Nacionalsocialista Obrero Alemán (NSDAP) se había convertido por primera vez en la fuerza más votada, aunque su porcentaje de voto, del 37 %, y sus 230 escaños le dejaban aún lejos de la mayoría absoluta. Meses después, el 6 de noviembre, habían tenido lugar las octavas elecciones parlamentarias de la República de Weimar, en las que, a pesar de perder votos, el Partido Nacionalsocialista había vuelto a ser la primera fuerza. Serían estas las últimas elecciones limpias y libres antes de que los nazis se hiciesen con el poder en enero de 1933, cuando el presidente Hindenburg nombra canciller a Adolf Hitler y comienza el periodo del Tercer Reich. Desde entonces y hasta la llegada de nuestro autor al país, tienen lugar, entre otros hechos, el misterioso incendio del Parlamento *(Reichstag);* el consiguiente decreto que suspende los derechos civiles recogidos en la Constitución, incluidas las libertades de expresión, de asamblea y prensa, y que sienta las bases para la encarcelación de potenciales opositores sin las debidas garantías judiciales; el establecimiento de campos de concentración como el de Dachau, a los que se envía a los mencionados opositores políticos, y el boicot contra los comercios judíos y contra otros profesionales también judíos (como médicos y abogados). Y, una vez llegado al país, nuestro autor será testigo de episodios como el de la tristemente célebre quema de libros en la Plaza de la Ópera de Berlín y en otras ciudades universitarias, y tendrá ocasión de entrevistar al «gran inquisidor», el ministro de Propaganda, Joseph Goebbels, quien en el citado auto de fe acaba de proclamar: «El espíritu liberal ha muerto».

En las crónicas aquí reunidas, el periodista español nos ofrece unas agudas observaciones afines a las de otras grandes figuras antitotalitarias que también pasaron una temporada en la Alemania de esos días, como Simone Weil, Raymond Aron y Arthur Koestler, o que tuvieron que partir al exilio meses después, como Hannah Arendt.

El lector tiene en sus manos uno de los trabajos más arriesgados y comprometidos del autor, un verdadero despliegue de destreza periodística y lucidez intelectual, que cobra hoy una renovada e inquietante vigencia.

CRÓNICAS DE LA ALEMANIA NAZI

ALEMANIA BAJO EL PODER DE HITLER
Ahora, 14 de mayo de 1933

Todavía en las trincheras

En Metz no había nadie que supiera por dónde se va a Alemania; en las librerías no se venden mapas alemanes ni en los cruces de las carreteras hay postes indicadores; tuve la impresión de que la palabra Alemania jamás se había pronunciado allí, y hubo un momento en el que llegué a temer formalmente que en los arrabales de Metz el mundo terminase súbitamente en una tajante cortadura.[1]

Unos kilómetros más allá casi no me atrevía a decirme a mí mismo que venía de Francia. ¿Francia? Ya parecía una palabra extraña y sospechosa. Había pasado en unos minutos de un mundo a otro sin advertir el tránsito, sin topar siquiera con esas dos casetitas gemelas, colocadas a cien metros una de otra, en las que los aduaneros, uniformados con distintos colores, las banderas diferentes, los cambis-

---

1. Metz, en la región francesa de Lorena, había formado parte del Sacro Imperio Romano Germánico durante la Edad Media; después, había pasado a ser territorio francés con la firma del tratado de Westfalia en 1648; se había convertido en territorio del Imperio alemán tras la guerra franco-prusiana de 1870-1871, y finalmente había vuelto a ser parte de Francia tras el fin de la Primera Guerra Mundial.

tas, igualmente ladrones, y los policías, análogamente descorteses, imponen al viajero el gran convencionalismo de las fronteras.

Porque entraba en Alemania por la frontera del Sarre, y Francia tiene la puerilidad de no haber puesto allí su aduana, acaso pensando que así, sin solución de continuidad, el Sarre iría acostumbrándose a la idea de ser francés. Pero precisamente por eso, acaso porque no hay señales claras y terminantes de que un país acabe y otro empiece, la voluntad de unos hombres que creen ser franceses y otros que creen ser alemanes ha forjado una línea divisoria abisal, espantosa, inhumana. No creo que en ninguna parte del mundo haya una división tan hondamente marcada entre unos hombres y otros como la que se advierte en los veintiocho kilómetros de carretera que separan Saint-Avold de Forbach; Francia de Alemania. Cada cual en su trinchera, y las dos inexpugnables. Como hace quince años.

El «camisa parda», descamisado

Colocado el territorio del Sarre bajo el control de la Sociedad de Naciones, en virtud del Tratado de Versalles, y gobernado por un Consejo formado por un delegado francés, otro nativo del país y tres extranjeros, se ha desarrollado allí un furioso nacionalismo alemán, como reacción contra el intento francés de desgermanización. No necesitamos esperar al plebiscito que, cándidamente, proyectaron los franceses para 1935, si queremos saber cuál es la voluntad de los ochocientos mil habitantes del Sarre. Basta entrarse por Saarbrücken, recorrer dos calles, meterse en una cervecería. Todo es rabiosamente alemán, agresivamente alemán. Más furiosos nacionalistas que los del Sarre no creo que los haya en toda Alemania.

—¿Y los nazis? ¿Aquí, donde el nacionalismo está tan en carne viva, habrá muchos nazis? —he preguntado.

—No; Francia no los consiente. Pero a falta de nazis, aparatosos, con camisas pardas y atalajes guerreros, nos contentamos con sencillos y descamisados deportistas.

—¿Deportistas?

—Sí; un nazi, cuando se quita la camisa parda, se convierte en un joven deportista, y una patrulla de nazis puede parecer muy bien un equipo de fútbol o un grupo de montañeros. Tenga usted en cuenta que lo característico del nazi, lo que le distingue de todos los demás militantes políticos, es que no tiene barriga; es un hombre joven, fuerte, sano, que practica el deporte y que hasta ahora ha comido poco.

El territorio del Sarre lo cruzan a diario estos grupos de jóvenes deportistas, que vienen de Alemania con el pecho al aire y con el puño sobre sus ferrados bastones de alpinista. Alguna vez la Policía ha descubierto que, entre estos jóvenes descamisados, había uno que traía liada a la cintura una bandera roja con la cruz gamada en el centro; alguna vez se ha dicho también que un maestro de escuela había sido apaleado…

De momento sólo se trata de deportistas descamisados. Así pues, los primeros «camisa parda» que he visto no la llevaban. Algún día se la pondrán, sin embargo, y pasarán la frontera. Ese día mis oraciones y mis pensamientos, todos, serán para un pobre gendarme catalán —de Perpiñán, precisamente— que allá en el confín del Sarre representa dignamente a Francia, sentado a la puerta de una barraquita que dice: «Douane Française».[2]

2. Aduana francesa.

El *schupo* y el nazi

De mañanita, las calles de esta vieja ciudad del Palatinado están casi desiertas. Sólo se ven a esta hora temprana parejas o grupos de estudiantes, que van a sus clases. Más hembras que varones. Ellas, con sus gorritas de visera encasquetadas sobre las rubias trenzas germánicas. Kaiserslautern es una típica ciudad académica de gustos tradicionales.

Desde la ventana de mi cuarto de hotel estoy hace ya largo rato viendo pasear con aire solemne, calle arriba, calle abajo, a un imponente *schupo,*[3] con su guerrera bien entallada y su casco puntiagudo. A su costado, guardando cuidadosamente la distancia, va un nazi, de altas botas claveteadas, camisa parda y pistola al cinto. Paso a paso, sin cambiar palabra, el *schupo* y su sombra parda llegan por el centro del arroyo hasta el límite de la demarcación, giran lentos y ceremoniosos y vuelven a recorrer la calle. Así una vez y otra durante todas las horas de servicio. ¿Qué hacen juntos el policía y el nazi? Nosotros, españoles, es difícil que lo comprendamos. El *schupo* es el guardia, y todo el mundo sabe qué es lo que tiene que hacer un guardia. ¿Pero y el otro? ¡Ah, el otro! El otro responde a un problema nuevo, un problema que se planteó Hitler antes de tomar el poder y que ha resuelto con la aparición de este doble del *schupo:* ¿quién guarda a los guardias?

Imaginemos que el 14 de abril, cuando los republicanos españoles entraron en Gobernación y unas docenas de ellos dijeron que se habían puesto a gobernar, se hubiesen planteado este problema que Hitler ha visto con tanta lucidez y, no contentos con que los guardias hubiesen hecho acto de acatamiento a la República, a cada guardia le hu-

3. Un policía (miembro de la *Schutzpolizei,* abreviada *Schupo*).

biesen puesto un guardián: un joven republicano sin trabajo; uno de aquellos voluntarios del brazal rojo, que nosotros utilizamos sólo durante unas semanas para que guardasen los árboles de la Casa de Campo, y que después licenciamos por superfluos, diciéndoles: «Gracias por vuestro auxilio, camaradas; id ahora a seguir vuestro destino de obreros parados, de mendigos, de pistoleros, o de albiñanistas,[4] si os place».

Si hubiéramos hecho lo que Hitler, a estas horas: primero, habríamos reducido considerablemente el número de parados, por lo menos de parados republicanos, porque este doble del guardia cobra también — ¡qué duda cabe!—; segundo, habríamos simplificado la función del guardia, porque así serían dos a repartirse el trabajo de mantener el orden, y según el procedimiento español es uno sólo, mientras el otro, como no tiene nada que hacer más importante, acaso sea de los que se dedican a perturbarlo; tercero, no existiría nunca el temor de que el guardia no fuese bastante republicano. Tuve la impresión de que en aquella calle de Kaiserslautern el *schupo* y su sombra, al pasear de arriba abajo, estaban haciendo brillantes oposiciones de gubernamentalismo.

Porque si el nazi es nazi, más nazi es el *schupo*. Basta pensar que esta duplicidad no puede ser definitiva, y que a la larga será *schupo* en propiedad el más nazi de los dos. ¿Está claro?

Ahora bien, ¿quién tiene razón? ¿Hitler? ¿Los republicanos españoles?

4. En referencia a los partidarios de José María Albiñana Sanz (1883-1936), médico, escritor y político que había fundado y lideraba el Partido Nacionalista Español. Fue asesinado tras el comienzo de la Guerra Civil, en la matanza de la cárcel Modelo de Madrid.

Jude! Jude!

Esto salta a la vista. Frente a cada comercio marcado con la palabra infamante «*Jude!*» —he llegado a Alemania pocos días después del boicot—, hay una tiendecita pobre, con menos luz en el escaparate, los géneros un poco desteñidos y los precios un poco más altos. Esta tiendecita que no vende es de un ario puro, raza noble de héroes y ascetas que, por lo visto, no saben comprar y vender.

Antes, el ario puro, convencido de su incapacidad para este menester, dejaba libre al judío el campo del comercio y se iba a arar la tierra o a barrer las calles a sueldo, metido en un impresionante uniforme. Pero cada vez hay menos uniformes de barrendero municipal y menos tierras que labrar, y el ario puro, cuando se pone a hacer la competencia al judío con su pobre tiendecita cubierta de polvo y visitada sólo por las moscas, está perdido. Hitler ha dado al ario puro, que no vende, un talismán maravilloso para que su tiendecita se llene de clientes capaces de cargar con géneros manidos. Este talismán es la cruz gamada, la esvástica de los arios.

Todo consumidor alemán debe comprar en esas tiendas que tienen el talismán de la esvástica en el escaparate. De momento, el ario puro está encantado. ¿Puede dudar alguien de que todo hombre que tiene una tiendecita en Alemania y no es judío adora a Hitler?

—Sí —arguyo—; pero ¿y los judíos? ¿No serán adversarios de Hitler? ¿No pueden convertirse en un temible adversario?

Mi interlocutor se ha sonreído.

—Cuando vea usted en un comercio de Alemania unas banderas hitlerianas descomunales, cuando vea usted una excesiva iconografía hitleriana en los escaparates, desconfíe usted y murmure por lo bajo con nosotros: *Jude, Jude!* Pocas veces se equivocará.

Por ahí es por donde le fallará el truco al ario de la tiendecita. Si el judío no se ha puesto ya la cruz gamada sobre el pecho, es porque aún no se le ha presentado la ocasión. Pero ya se le presentará. Aun en estos momentos de desesperación confía en Jehová y en las virtudes de los arios que tan profundamente admira.

Los maestros de artes y oficios

El *Gasthof* alemán es una entidad sin par en España. Viene a ser como la vieja hospedería española, nuestro desaparecido hostal, entre fonda y posada; taberna y casino al mismo tiempo. Lo más importante del *Gasthof* es que la vida de relación, la política y la sociología de las pequeñas ciudades alemanas se hacen tradicionalmente en su ámbito, como en otro tiempo fueron en España las tertulias de las reboticas las que forjaban eso que llamamos opinión. Tiene el *Gasthof* alemán más ambiente casero y familiar que nuestro café y más dignidad que nuestra taberna. Viejos y grandes muebles de ricas maderas; un gato arisco o un perro grande y quieto; un reloj de recio tictac; un buen fuego, y un acertado punto para la presión y la temperatura de la cerveza.

Los clientes del *Gasthof*, pocos siempre, son todos conocidos y respetados en la localidad. Clase media tradicionalista y bien enraizada; gente seria que se mueve con pies de plomo y que sabe lo que quiere. El mayor contingente de parroquianos del *Gasthof* lo dan los maestros de las artes y los oficios; el origen gremial, medieval de la Alemania de hoy, se ve más claramente que en ningún sitio en este rincón del *Gasthof* provinciano, donde el maestro de retórica, el maestro de mecánica, el maestro de telar y el maestro de gimnasia juegan sosegadamente a la baraja y riegan su cena sobria y fría con grandes vasos de cerveza fortalecida con bocanadas de *Kirsch*.

Lentamente, muy lentamente, por una sedimentación casi tan lenta como las del reino mineral, va formándose entre los parroquianos del *Gasthof*, mientras el dueño espuma la cerveza y fuma en silencio su gran puro alemán de papelón torcido, ese estado de conciencia individual que después el mundo llama «la actitud de Alemania». Son estos hombres prudentes, lentos, pesados, que se pasan años y años rumiando las novedades que la vida les tira sobre la mesa del *Gasthof* —guerra, derrota, inflación, comunismo, crisis, paro—, los que en definitiva dan esa fuerza formidable a la acción alemana.

Pues bien, los hombres del *Gasthof*, todos, absolutamente todos, están hoy con Adolf Hitler. Han llegado a esta conclusión después de un largo proceso, pero hoy su resolución es definitiva. Sería estúpido equivocarse. No hay más que Adolf Hitler. Antes de que los hombres del *Gasthof* se decidieran por él, pudo Hitler tener trescientos mil camisas pardas y pudo haber en Alemania —como indudablemente ha habido— trescientos agitadores del tipo de Hitler. Nada tendría importancia. Lo que la ha tenido, decisiva, para los destinos del pueblo alemán y del mundo es que estos hombres del *Gasthof*, estos maestros de artes y oficios de las pequeñas ciudades alemanas, hayan llegado a la conclusión de que hay que jugar la carta de Hitler. La jugarán a todo evento. Tengo la convicción de que ya hoy no esperan más que el momento en que Hitler les mande la papeleta de movilización.

En Kaiserslautern yo he visto a estos graves hombres —hombres que han hecho la guerra ellos mismos— precipitarse con el brazo levantado hacia las ventanas del *Gasthof* porque en el silencio de la noche avanzaba un cortejo de nazis, quienes tras las llamaradas de sus antorchas y el redoble de sus tambores arrastraban a una masa de adolescentes, niños casi, que iban marcando el paso con las mandíbulas apretadas y los ojos encendidos.

—¿Adónde van estos hombres? ¿Qué va a hacer Alemania? —he preguntado.

—La guerra; Alemania va a hacer la guerra —me han contestado unánimemente.

ANTES DE TRES AÑOS
OTRA VEZ LA GUERRA
Ahora, 16 de mayo de 1933

¿Que por qué este juicio temerario de que Alemania hará la guerra? ¿Que por qué va a surgir la guerra antes de tres años?

Como no tiene ningún valor el hecho de que un periodista crea que va a producirse una guerra ni tiene importancia alguna el que este periodista se dedique a sensacionales profecías, no he considerado demasiado imprudente estampar estas impresionantes afirmaciones, que espero tengan la virtud de despertar la atención del público español hacia un estado de conciencia que indiscutiblemente existe hoy en toda Europa y cuya expresión gráfica, terminante, son estas dos terribles conclusiones: guerra; antes de tres años.

Ocurrirá así o no ocurrirá; pero en la órbita de las preocupaciones mundiales están presentes, con dolorosa presencia, estas afirmaciones que a nosotros —desde nuestro limbo nacional— se nos antojan perfectamente gratuitas. Ya sé que para admitir esta hipótesis catastrófica, el ciudadano de la República Española, al que sólo llegan los ecos del mundo envueltos en el algodón de los discursos pacifistas de Ginebra, tiene que someter a revisión sus ideas fundamentales sobre muchas cosas. Pero tal es la única finalidad de estas impresiones de viaje.

Punto de partida

Para usted, lector germanófilo —porque el solo hecho de plantear estos problemas es volver a dividir a España en aliadófilos y germanófilos—, esta afirmación de que Alemania va a desencadenar una nueva guerra es una infamia inventada contra el pueblo alemán por sus enemigos. Por muy germanófilo que un español sea, nunca se identificará tan absolutamente con el pensamiento germano que pueda aceptar ciertos postulados que hoy son moneda corriente en Alemania, y que a un latino, por grande que sea su simpatía hacia el pueblo alemán, tienen que parecerle hasta tal extremo monstruosos que los atribuye no a Alemania misma, sino a la mala voluntad de sus enemigos, que los interpretan torcidamente.

Piénsese, pues, que cuando se dice que Alemania quiere la guerra, no es esto una imputación injuriosa que se le hace, sino el reconocimiento de una aspiración nacional que ha llevado al poder al partido político que más garantías ha dado al pueblo alemán de satisfacerla. Si Adolf Hitler está gobernando hoy en Alemania, es porque lleva doce años predicando la guerra. Su triunfo lo debe más que nada a haberse colocado abiertamente contra los pacifistas. «¡Exterminemos a los pacifistas!». Este es su grito de combate. Si los nazis se dedican hoy al deporte de cazar como a ratas a los judíos y a los socialistas, es esencialmente porque los judíos y los socialistas son pacifistas. Esta palabra de «pacifista» es el mayor insulto que se puede dirigir en estos días a un ciudadano alemán. Yo quisiera que el que lo dudase pudiese hacer la prueba en una calle de Berlín.

Así pues, para comprender la situación de Alemania hay que partir de unos supuestos comunes que ya nadie se atreve a discutir de buena fe, ni siquiera los mismos alemanes: el de que Alemania quiere la guerra; el de que la hará en cuanto pueda; el de que podrá hacerla muy pronto.

Cómo piensa el alemán medio

A los quince días de estar en Alemania, se oye hablar así y no se escandaliza uno:[1]

—No tenemos más remedio que hacer la guerra, y el único hombre capaz de llevarnos a ella es Adolf Hitler. Sólo por esto cuenta Hitler con la adhesión inquebrantable de sesenta millones de alemanes. El programa que se ha trazado el Partido Nacionalsocialista satisface plenamente las aspiraciones del pueblo alemán. Primero acabará con los pacifistas del interior; tenemos que exterminarlos para quedarnos con las manos libres y poder emprender con éxito una política de alianzas exteriores, que ha de ser el preludio de la guerra contra el enemigo exterior. Nuestra guerra es una guerra de independencia, porque Alemania recaba para sí el mismo derecho que tienen todos los pueblos a regirse por sí mismos con plena libertad. En nombre de este derecho exigiremos la revisión de los tratados de Versalles y Saint-Germain.

—Pero ustedes la libertad que piden es la libertad de prepararse y armarse para la guerra.

1. Todas las afirmaciones contenidas en esta conversación, que he reconstruido con las frases más destacadas de las entrevistas que he celebrado en Alemania, están confirmadas y avaladas con textos de la más pura ortodoxia nacionalsocialista, principalmente en publicaciones de propaganda del partido, en el libro de Adolf Hitler *Mein Kampf* y en discursos y artículos de teorizantes y líderes del nacionalsocialismo, tales como Goebbels, Rosenberg, Feder, Frick y otros. *(N. del A.)*

—Estamos en nuestro derecho. El Tratado de Versalles desarmó a Alemania como preludio de un desarme general de las potencias. Sólo así lo aceptamos. Como las demás potencias no se han desarmado, tenemos perfecto derecho a armarnos. Esto es lo que dirá en la Conferencia del Desarme el barón von Neurath, nuestro ministro de Negocios Extranjeros.

—Pero ustedes quieren armarse para hacer inmediatamente la guerra.

—Queremos armarnos porque es el único modo de defender nuestro territorio nacional y nuestra independencia. Nuestro destino histórico es la Gran Alemania, el Imperio. No renunciamos, ni hemos renunciado nunca, a un solo alemán de Alsacia, Lorena, Polonia, Austria o Checoeslovaquia. Reconquistaremos los territorios perdidos en 1918, incluso contra la voluntad de sus habitantes si la independencia de la patria alemana y las necesidades de su poder político lo reclamasen. Es más, no tenemos por qué poner a nuestras aspiraciones el límite de las fronteras de 1914.

—Todo esto no se puede intentar más que por la guerra.

—Desde que Hitler ha subido al Poder, todas las energías espirituales de la nación se aplican a preparar la guerra de mañana. El pueblo alemán ha llegado al convencimiento de que la misión providencial que le está reservada no se puede cumplir más que con la espada en la mano; forjar esa espada es la única tarea del nacionalsocialismo en la política interior; proteger ese trabajo será toda nuestra política exterior.

—¿No les asusta a ustedes la guerra?

—La guerra crea la cultura. El ciclo de Pericles fue el resultado de las guerras médicas; con las guerras púnicas cimentaron los romanos su cultura.

—¿Es decir, que Alemania se lanza a una guerra de conquista?

—No; Alemania tiene simplemente el deber de dar a la raza alemana las tierras que necesita para vivir. No queremos colonias. Los grandes Estados coloniales semejan una pirámide apoyada en la punta. Hemos renunciado también a una política mundial de expansión industrial. Nos dedicaremos primero a la colonización interior: Hitler preconiza la vuelta al agrarismo. Pero llega un momento en que la colonización interior no puede progresar más y el país no puede estacionarse. Entonces habrá que buscar nuevas tierras para los alemanes. Las buscaremos por el Este, realizando nuestra expansión a costa de nuestros vecinos de Oriente, principalmente contra la Unión de Repúblicas Socialistas Soviéticas. No es humano que haya Estados que tienen inmensos territorios en reserva mientras otros se ven condenados a las prácticas malthusianas. La Providencia no ha repartido las tierras de una vez y para siempre: no tenemos por qué respetar las fronteras trazadas siempre por el derecho del más fuerte. La Naturaleza ignora las fronteras políticas y en cambio concede el derecho a vivir a los pueblos más fuertes y trabajadores. Todavía hay en Europa territorios inexplotados que fatalmente serán del más fuerte, del que los tome por la fuerza, porque nadie los va a ceder de buen grado. La población alemana aumenta cada año en novecientas mil almas, y Alemania no puede ya dar de comer a todos los alemanes.

—Demos por justificada la necesidad de la expansión; descontado también que nadie va a ceder sus tierras de buen grado, y siendo así que Alemania está desarmada, mientras que todo el mundo refuerza sus armamentos, ¿cómo podrán ustedes emprender la lucha?

—Esto es lo que ha de hacer Hitler; esto es lo que se propone en su programa.

—No es tarea fácil.

—Lo primero ya está casi hecho: acabar con el enemigo interior, el pacifista. ¿Cree usted, a los quince días de estar en Alemania, que hay la más remota esperanza de que la socialdemocracia y los judíos levanten la cabeza?

—No; no parece probable.

—Ahora, conseguida la seguridad interior, hay que desarrollar una política exterior favorable a nuestros propósitos. ¿Cómo? Ganando para nuestra causa a las potencias interesadas en que Francia no se alce con la hegemonía del mundo: Italia e Inglaterra.

—¿Inglaterra también?

—Inglaterra ha de ser, tarde o temprano, nuestro gran asidero en el mundo. Hitler ha predicado toda su vida que el gran error de los Hohenzollern[2] fue colocar a Alemania frente a Inglaterra. De aquí en adelante, nuestra política exterior será anglófila. La expansión territorial alemana por el Este no puede despertar recelos en Inglaterra, sino al contrario; será vista con simpatía, porque vamos a ser la fuerza de choque de Europa contra el bolchevismo.

—Pero también van ustedes contra Francia.

—Es cierto; con Francia no hay nada que hacer; la guerra únicamente; pero la política tradicional de Inglaterra ha sido siempre impedir la supremacía absoluta de ninguna gran potencia, y esa supremacía es hoy por hoy de Francia. Cuando existió el peligro de que la conquistásemos nosotros, Inglaterra se nos puso en contra. Ahora, el peligro que existe es el de Francia; Inglaterra lo impedirá

2. La casa de Hohenzollern, destacada dinastía real alemana (y dinastía imperial desde 1871 hasta 1918).

poniéndose a nuestro lado. Para ganarnos la confianza de Inglaterra, nosotros renunciamos de antemano a toda aspiración colonial, a la política de expansión industrial que puede hacerle la competencia y a las posibilidades de crear una marina de guerra que despertase su desconfianza.

—¿Y no temen ustedes que el mundo se vuelva otra vez contra Alemania aun reconociendo esa necesidad alemana de la expansión territorial? No basta para cometer un despojo decir: «Lo necesitamos».

—Es cierto; Alemania perdió la guerra porque se batió honradamente para conquistar su pan. Los alemanes no supimos revestir nuestras necesidades vitales de una envoltura ideal. No se muere ni se mata por los negocios. Hay que batirse, no por el pan, sino por un ideal. En 1914, los ingleses se batieron por el ideal de la libertad. Nosotros, cuando llegue nuestra hora, nos batiremos también por un ideal, un gran ideal religioso, místico: la Gran Alemania, que no es una mezquina concepción dictada por el egoísmo. Esto es precisamente lo que las doctrinas nacionalsocialistas han sabido dar al pueblo alemán: una definición exacta de la misión providencial que le está reservada.

—¿Cuál es esa misión providencial?

—La de salvar la raza aria; la de evitar que perezca la civilización occidental; la de impedir la invasión de Europa por los negros. Si Francia, país de escasa natalidad, continúa teniendo en sus manos la hegemonía de Europa, terminará por convertir a Occidente, desde el Rin hasta el Níger, en un gran imperio negro o mestizo. Su pobreza de sangre le obliga a tener que pedirla prestada a sus coloniales. Como se ve obligada a tener un ejército negro, tendrá que tener un arte negro y una política negra y una ciencia negra. Pero Alemania salvará a Europa. Esta es nuestra misión providencial. Para cumplir este destino histórico pelearemos. Tarde o temprano, el mundo se volverá contra Francia.

—¿Y cómo va Alemania a forjar su espada? ¿Cómo podrá rehacer su ejército?

—Postulamos la teoría de la nación en armas. Vamos a la supresión del ejército profesional y a la creación de un ejército nacional. Todos los alemanes tendrán derecho al servicio militar. La defensa de la patria corresponde a los ciudadanos todos, encuadrados por un cuerpo de oficiales de profesión, animados por un agudo sentimiento de casta.

—Esto es la militarización total del país.

—Exactamente. Nuestro ideal es el militarismo. Los latinos se asustan de esta afirmación porque son incapaces de concebir el militarismo como voluntad y como representación. No comprenden una actividad humana sin fin utilitario. No admiten que el germano sea militarista independientemente de que haga la guerra o no. Claro es que el militar hace la guerra cuando llega su hora, pero es que puede darse el caso de que el militarismo sea un fin en sí y no un medio, y éste es el caso del pueblo alemán, cuyas virtudes esenciales se manifiestan dentro de la disciplina militar como en un clima favorable. Hemos llegado a la conclusión de que el único medio para construir un Estado «verdaderamente popular» en Alemania es el cuartel y que la disciplina es el camino que se ha de seguir para la forma genuina de la democracia; es decir, que el «servicio» es para el alemán la fórmula perfecta de la libertad.

Así habla hoy el ciudadano medio alemán. Después de haber expuesto sucintamente las ideas en curso, las que son moneda corriente en Alemania, podremos seguir nuestra encuesta por el país que de modo tan sustancialmente distinto al nuestro concibe su misión.

La primera derrota

Pero Alemania ha sufrido precisamente en estos días su primera derrota. Para iniciar su política de acercamiento a Inglaterra, Hitler había enviado a Londres a uno de los doctrinarios del nacionalsocialismo, Rosenberg,[3] quien había comenzado a sondear la opinión de las principales figuras de la política británica. Pero en la vieja Inglaterra hay unos tipos insobornables, con los que no cuenta el ciudadano alemán medio.

Rosenberg comenzó a adorar el santo por la peana, y se fue a colocar solemnemente una corona con la cruz gamada en el cenotafio de White Hall. A la mañana siguiente la corona del nazi no estaba allí. Un capitán del Ejército británico la había arrojado al Támesis y la había sustituido con otra cuya inscripción rezaba: «Han combatido por la Libertad. Dios guarde al rey». Acto seguido se denunció a las autoridades.

Por otra parte, lord Hailsham, ministro de la Guerra británico, hacía casi simultáneamente en la Cámara una declaración terminante contra las pretensiones de Alemania. Rosenberg ha abandonado sus gestiones diplomáticas y ha salido precipitadamente de Inglaterra. La cosa no es tan sencilla como el alemán medio se la imagina.

Los nazis no desesperarán, sin embargo. Hitler, que tantas cosas ha tomado prestadas al comunismo, conoce bien la táctica leniniana de «un paso atrás, dos adelante» —lo que llamaban el realismo genial de Lenin—, y volverá al ataque cuando las circunstancias sean más favorables.

3. Alfred Rosenberg (1893-1946), uno de los principales ideólogos del nazismo, quien estaba por entonces al frente de la Oficina de Asuntos Exteriores del Partido Nacionalsocialista.

De momento el clamor universal contra el despertar del imperialismo germánico y las extorsiones hechas a los judíos han puesto a la opinión frente al nacionalsocialismo, y hay que ser prudentes. Días atrás, el bizarro Hitler proclamaba en Kiel: «No queremos guerra ni efusión de sangre; queremos sólo el derecho a vivir y a ser libres».

Veamos ahora cómo «la nación en armas», por medio de las fuerzas de asalto y protección del nacionalsocialismo, se dispone a vivir y a ser libre sin guerra ni efusión de sangre.

CÓMO ESTÁN ORGANIZADAS
LAS FUERZAS DE ASALTO Y PROTECCIÓN
DEL NACIONALSOCIALISMO
Ahora, 17 de mayo de 1933

¿Cuántos soldados tiene Alemania?

Las potencias aliadas se empeñan en que Alemania no tenga más que cien mil soldados. «¿Qué se puede hacer con cien mil soldados nada más?», preguntan con tono de desolación los alemanes. Y sus representantes diplomáticos —lo mismo los de antes que los de ahora— se van a Ginebra a pordiosear y gemir. ¿Cómo es posible que un país que se estime no tenga más que esa ridícula cifra de buenos mozos a los que alimentar, vestir con vistosos uniformes y calzar con recios zapatos?

Pero ésta es una de las más puras manifestaciones del romanticismo alemán, porque sus reclamaciones son puramente desinteresadas y románticas. Quiéranlo o no el Tratado de Versalles y la Sociedad de Naciones, Alemania no tiene cien mil soldados, ni doscientos mil, ni un millón: tiene sesenta millones de soldados. Los franceses se pasan la vida regateándole a Alemania este centenar de guardias o aquel millar de policías, pensando que con este regateo hacen alguna mella en sus efectivos militares a un país que, si en algo es rico, fabulosamente rico, es en eso: en soldados. Mientras en Ginebra discuten si la *Reichs-*

wehr[1] tiene efectivamente cien mil hombres o cien mil uno, cualquiera que ande unos días por Alemania y vea las manifestaciones callejeras y las paradas de los nazis y los «cascos de acero»,[2] hará fatalmente el cálculo de que en filas Alemania tiene muy cerca de un millón de hombres.

Por referencias verbales, de las que no respondo, pero que deben aproximarse bastante a la verdad, en Alemania existen hoy los siguientes soldados, auténticos soldados, con una preparación militar y una vida de cuartel más intensas que las que puedan llevar, por ejemplo, los soldados en filas de la República Española: Ejército y Policía, 200 000 hombres; tropas de asalto y protección del nacionalsocialismo, 400 000; cascos de acero, 200 000; trabajadores voluntarios, 200 000; otras organizaciones premilitares, 100 000.

Oficialmente, el Gobierno alemán ha declarado que las tropas de asalto y protección de los nazis, así como los cascos de acero, no pueden ser consideradas como organizaciones militares, y que el Ministerio de la Guerra las ignora absolutamente, pero se ha demostrado hasta la saciedad el valor militar de estas tropas, su cohesión y la facilidad y rapidez con que pueden ser movilizadas sin ninguna intervención gubernamental. Se ha comprobado también que la instrucción militar que se da a estas tropas es exactamente igual a la que reciben los soldados regulares, y que en ella se incluye el manejo del fusil, la pistola, la ametralladora y el lanzamiento de granadas.

1. Nombre que recibían entonces las fuerzas armadas de Alemania (más tarde denominadas la *Wehrmacht*).

2. Los Cascos de Acero (oficialmente *Stahlhelm, Bund der Frontsoldaten*), organización paramilitar surgida tras la derrota en la Primera Guerra Mundial, habían estado al servicio del Partido Nacional del Pueblo Alemán (DNVP), antes de ser absorbidos por las SA nazis, es decir, por los camisas pardas, en 1933.

Para que cada cual piense lo que quiera, he aquí algunos datos sobre la organización de las fuerzas de asalto y protección del nacionalsocialismo.

El correligionario aquí y allí

Un nazi es, sencillamente, un afiliado político; como si dijéramos un miembro del Partido Radical español. Pues bien, imagínense que un buen día este hombre que cree en don Alejandro Lerroux —o bien en don Antonio Goicoechea—, y que espera un destinillo o una concejalía si triunfan sus ideas, recibiera una «instrucción» en la que su jefe político le advirtiera de la necesidad en que estaba, si quería continuar en el partido, de «entrenarse en ejercicios gimnásticos y excursiones obligatorias, así como aprender a caminar durante la noche campo traviesa, sin planos ni itinerarios, orientándose sólo por la posición de las estrellas». Imagínense cuál sería la estupefacción de nuestro hombre lerrouxista, radical socialista o filofascista de Goicoechea cuando le dijesen que tenía que aprender el manejo de las armas y debía hallarse siempre dispuesto a morir luchando por la causa. Cuál no sería su disgusto cuando tuviese que pagar ocho o diez pesetas por asistir a los mítines del partido, y hasta dónde llegaría su indignación cuando recibiese otra «instrucción» en la que su querido jefe político le dijese como dice Hitler (textualmente) a sus camisas pardas: «Usted se calla y no se mete para nada en lo que no entre en sus atribuciones».

Ésta es lisa y llanamente la diferencia que existe entre un militante político español y un hitleriano. He aquí cómo se actúa en política en un país de régimen fascista.

Y ahora que hemos marcado la diferencia entre militante y militante, vamos con la organización.

Un ejército para uso particular

El Partido Nacionalsocialista cuenta hoy con un millón de afiliados, pero su fuerza política radica casi exclusivamente en sus tropas de asalto y protección, creadas por Adolf Hitler en Múnich el 4 de noviembre de 1921, a los pocos meses de haber comenzado la actuación del nacionalsocialismo como tal partido. La organización de las milicias fue la única preocupación de los nazis desde el primer momento, y su éxito fue tal que antes de un año ochocientos camisas pardas pudieron presentar batalla a los comunistas de Coburgo. A partir de entonces estas milicias han ido adueñándose de toda Alemania. Hoy, su organización y sus efectivos superan a los del ejército nacional.

La sede del partido está en la famosa Braunes Haus (Casa Parda) de Múnich, magnífico palacio adquirido por los nazis hace un par de años. Allí se reúne el Comité Directivo del partido que preside el jefe supremo del movimiento, hoy canciller del Imperio, Adolf Hitler, que es a la vez presidente del partido y jefe supremo de las secciones de asalto. El *Führer*, o, mejor dicho, el *Oberführer.*

El aparato administrativo del partido está regido por los jefes de los distintos departamentos, que vienen a ser unos verdaderos ministerios, y cuyos títulos son los siguientes: Hacienda, Organización (I y II), Propaganda (I y II), Asociación de Juventudes, Gimnasia y Deportes, Encuestas y Arbitrajes, Asuntos Comerciales, Cuestiones Jurídicas, Personal e Imprenta General del Partido.

Territorialmente, el partido está dividido en regiones *(Gaue)*, que se subdividen en distritos *(Bezirke)*, y éstos, a su vez, en grupos locales, que en las grandes ciudades se denominan distritos urbanos. Hay en toda Alemania treinta y cinco regiones, es decir, tantas como distritos electorales.

El ejército nazi lo forman las secciones de asalto (SA) y las secciones de protección (SS).

Las secciones de asalto son unas dos mil, y forman parte de ellas cerca de cuatrocientos mil hombres uniformados con la camisa parda. Su organización militar está calcada de la del antiguo ejército del Káiser. Es más: en la última reorganización de sus tropas que hizo Hitler, dispuso que varios regimientos fuesen designados no con los números que les correspondían según la distribución territorial de las unidades, sino con los números que llevaban los regimientos más gloriosos del Ejército Imperial, «el mejor ejército del mundo», de cuyas glorias debían ser dignos continuadores.

Forman el ejército hitleriano seis grupos o divisiones, que corresponden a los *Gruppenkommandos* de la *Reichswehr*. Cada tres estandartes o regimientos componen una *Gausturm,* que viene a ser una brigada.

El regimiento lo componen cinco batallones, formados cada uno por una cifra variable de secciones de asalto o compañías —de seis a diez—, que son las que dan nombre a todo el ejército. Cada sección de asalto está formada por dos o tres pelotones.

La organización de las secciones de protección es análoga, aunque desde luego en mucha menor escala. Los hombres de las secciones de protección no llegarán a cincuenta mil.

Los cuadros de mando de este ejército están cubiertos con ex oficiales del ejército del Káiser. Para la instrucción de las clases, Hitler fundó su *Reichsführerschule,* que le suministra los subalternos necesarios para sus tropas.

Estas fuerzas se alojan en pequeños cuarteles, en los que se instalan, a lo más, veinte o treinta individuos, salvo excepciones. Después de la toma del poder, Hitler ha proporcionado a su ejército un acuartelamiento adecuado para mayores masas de hombres. Pero siempre el ejército hitleriano ha tenido asegurada la comunicación estrecha y rápida entre sus unidades, de modo que en cualquier circunstancia podía ser movilizada la fuerza con una rapidez extraordinaria. Para ello, las tropas de asalto han tenido establecidos siempre sistemas seguros de movilización, aun descartando las posibles interrupciones de las comunicaciones normales. Este propósito se lograba merced al material de autos y motos de que disponían los nacionalsocialistas. Últimamente, Hitler se había organizado incluso un cuerpo de aviación particular.

¿De dónde son las pistolas españolas?

El nazi lleva hoy en el costado una pistola. Antes la llevaba también; pero la llevaba escondida. Esa pistola es el gran argumento que el nacionalsocialismo ha empleado desde el primer momento en sus discusiones con los demás partidos políticos.

Pues bien, ese argumento —me lo han dicho en secreto— es nuestro; se lo hemos dado nosotros, los españoles. La pistola que lleva el nazi es española; quizá de Éibar.

Yo no quiero creerlo, y a pesar de que me insisten en que las tropas hitlerianas se han ido armando poco a poco en los últimos años merced al contrabando de armas procedentes de España, que con la complicidad de los aduaneros alemanes se hacía de un modo descarado, afirmo una vez y otra que esas pistolas no han salido de España. Alguien me ha dicho:

—Puede ser que no estén fabricadas realmente en España; pero lo que sí le garantizo es que aquí se vendían clandestinamente diciendo que eran pistolas españolas.

—Eso es otra cosa. En la República Española no se favorece el contrabando de armas. Esas pistolas que los nazis compraban podían ser de otro país cualquiera.

—Acaso fueran belgas.

—Quizá de la misma Francia.

—O tal vez de la propia Alemania. ¿Quién sabe?

—Pero pasaban como españolas.

—Porque la procedencia española era una procedencia que no despertaba recelos.

Cuidado. No es este caso solo. Recientemente, un reportaje de China hablaba también de pistolas españolas vendidas de contrabando a generales y a bandidos. ¿No valdría la pena preocuparse un poco para que no se cubran con nuestro pabellón esos traficantes de armas sin escrúpulos, que piensan que la nación de donde no importa que procedan las armas vendidas clandestinamente sea España?

¿De dónde salen las minas?

No hay que maravillarse demasiado ante la obra de este ejército que para su uso particular ha sabido organizarse Adolf Hitler. Cualquier jefe político que sienta el anhelo de emular al *Führer* puede fabricarse un instrumento análogo; así lo creo y así lo digo para consuelo y esperanza de los Goicoechea o los Albiñana que puedan andar por ahí.

No hace falta más que un requisito indispensable: dinero.

En los últimos tiempos, el ejército y la propaganda le han venido costando a Hitler unos cinco millones de marcos por mes; trece o catorce millones de pesetas. Con esto basta.

Si alguien está dispuesto a gastar en España una cantidad proporcional, puede ensayar el fascismo. No hay que hacerse ilusiones. Se calcula que a todo tirar, los ingresos naturales del partido no pasan de un millón de marcos por mes. Eso, contando con que en Alemania hay unos afiliados a los partidos políticos que pagan regularmente cuotas que oscilan entre uno y cinco marcos, y que además abonan cantidades equivalentes por sus entradas para los actos de propaganda. Hay que contar también en ese millón de marcos lo que produce la venta callejera de folletos, insignias, retratos del «bello Adolf», tarjetas postales alegóricas, etc., etc. Con todo eso faltan todavía tres o cuatro millones de pesetas, que son los que tenía Hitler todos los meses para seguir adelante.

¿Quién le daba este dinero?

Mucho se ha fantaseado sobre esto. Ha habido incluso quien ha afirmado que en el movimiento nazi corría el oro de Moscú; ese oro inagotable que por todo el mundo se esparce con pavorosa prodigalidad. Pero no parece muy verosímil que los comunistas de Moscú gastasen su oro en que los nazis les rompiesen la cara a sus correligionarios los comunistas de Berlín.

No; seamos más razonables. La verdad es que no se sabe exactamente de dónde salía el dinero que en costearse un ejército gastaba Hitler. Nadie conoce al céntimo los ingresos del nacionalsocialismo, pero no es aventurado afirmar —entre otras cosas, porque los interesados no lo han recatado demasiado— que muchos aristócratas alemanes, y sobre todo la gran industria germánica, han nutrido con largueza las cajas hitlerianas.

Krupp, Borsig y Thyssen, las grandes firmas de la industria pesada alemana, han estado casi desde el primer momento al lado de Hitler, el hombre que puede, con su doctrina y con la fuerza de que dispone, realizar en Alemania el milagro de los trabajadores voluntarios; esos hombres que trabajan durante una jornada de ocho o nueve horas por dos reales.

UNA VISITA A UN CAMPAMENTO DE TRABAJADORES VOLUNTARIOS
Los hombres que trabajan por dos reales
Ahora, 18 y 19 de mayo de 1933

La causa de todo

Iba un ario puro uncido por un tirante que le hendía el pecho a una carretilla cargada de leña, que arrastraba penosamente a lo largo de aquel camino oscuro, tajado en el macizo de los bosques de abetos como una sima; su mujer, una mujer fuerte, avejentada, con unos calcetines caídos sobre los zapatones remendados y una capotita ridícula del tiempo de Federico el Grande, iba detrás de la carretilla empujándola también con tan honrado esfuerzo de bestia resignada y doméstica que, sin más ni más, súbitamente, al verles así afanados y empequeñecidos por el contraste con la sombra alta de los abetos hasta parecer hormigas, uno se avergonzaba un poco de pertenecer a un país privilegiado, en el que la vida se gana todavía con mucho menos esfuerzo.

Porque las dos figuras de aquella patética estampa no eran de esa pobre gente condenada fatalmente a la miseria por una incapacidad individual de mejoramiento. No se trataba de un analfabeto, sino de un ingeniero; el hombre que arrastraba la carretilla cargada de ramitas secas de abeto, con las que iba haciendo su provisión de leña para no morirse de frío en el invierno, era todo un ingeniero diplomado; uno de esos millares de ingenieros alemanes que no han trabajado nunca, porque no han tenido en qué trabajar. Todavía no se conoce en España esta tragedia del hombre laborioso y capacitado que consagra su juventud a adquirir una técnica difícil y que luego se ve envejecer y morir en la miseria, sin que el mundo le haya ofrecido jamás la ocasión de ser útil y sin que haya podido probar si servía o no.

Así, declarados superfluos, hay muchos millares de hombres en Alemania; técnicos de todas las técnicas que, con sus diplomas en el bolsillo, barren las calles o escardan los sembrados. Estos hombres que, habiendo renunciado ya a todos los derechos, incluso el de comer, se refugian en el último baluarte, el derecho al trabajo, son los que han hecho posible este fenómeno curioso de los «trabajadores voluntarios».

El paraíso de los patronos

He ido al imponente edificio del Ministerio de Trabajo a pedir autorización para visitar un campamento de trabajadores voluntarios. El Ministerio de Trabajo, regido por Seldte,[1] está todavía en poder de los cascos de acero; y digo todavía, porque tengo la impresión de que a estos infelices cascos de acero no tardarán en desalojarlos de aquí, como de todas partes, los arrolladores nazis, dispuestos a tomar el poder de modo tan absoluto que no quede un resquicio en la Administración alemana al que no llegue su ojo avi-

1. Franz Seldte (1882-1947), fundador de los ya citados cascos de acero y ministro de Trabajo del Tercer Reich desde 1933 hasta 1945.

zor. En Alemania me ha nacido súbitamente una simpatía por los cascos de acero, de la que no me creía capaz. Creo que es la misma simpatía que despertarían los monárquicos constitucionales y alfonsinos de España si alguna vez cometieran la candidez de caer en manos de una fuerza fascistizante.

Estos hombres del casco de acero que rigen todavía el Ministerio de Trabajo tienen, por lo menos, la corrección tradicional de las clases conservadoras —cosa que los camisas pardas han desechado—, y, deferentes a mi requerimiento, me han facilitado cuantos datos pudiera desear sobre la organización del trabajo voluntario y, finalmente, me han concedido la autorización que pedía para visitar un campamento.

En la visita me acompaña un «*ministerialrat*», que me provee de copiosas estadísticas, de las que hago gracia a los lectores. Baste con hacer constar que los obreros voluntarios pasan de doscientos mil, repartidos en campamentos de cincuenta a sesenta hombres por toda Alemania. Las regiones alemanas donde más se ha intensificado la organización del trabajo voluntario son las provincias renanas: Sajonia, Westfalia y Hesse; los trabajos a que se consagran preferentemente estas tropas de obreros voluntarios son los de saneamiento y mejora de terrenos; hacen también carreteras y caminos, trabajos forestales y cultivo de algunas pequeñas parcelas.

El campamento de trabajadores voluntarios que vamos a visitar está en Biesenthal, a unos sesenta kilómetros de Berlín. Viene con nosotros, deseoso de aprender esta curiosa organización del trabajo voluntario, un patrono de Súecia, que ostenta la representación de no sé qué entidad patronal de su país: una especie de Graupera sueco que quiere ver por sus ojos esta maravilla de unos hombres que dócilmente, sin huelgas ni sindicatos, trabajan sólo por el gusto de trabajar y para no perder la costumbre del trabajo. ¡Si esto se difundiera! El patrono sueco viene bastante ilusionado.

Labores adecuadas

La jornada de los trabajadores voluntarios comienza con un saludo a la bandera. Colocada sobre un alto mástil que se yergue solitario en una explanada próxima al campamento, la gloriosa bandera del imperio —rojo, blanco y negro— es saludada todas las mañanas por estos cincuenta hombres sin fortuna que en rigurosa alineación, armados con palas, picos y azadones, se cuadran militarmente y le rinden honores antes de partir para el tajo, hacia el que se dirigen a una voz de mando, marcando el paso, «de cuatro en fondo», con la herramienta al hombro y encuadrados por los suboficiales, que ejercen la función de capataces.

En este campamento de Biesenthal que he visitado, los trabajadores voluntarios están desecando una laguna en cuyo fondo se ha formado un légamo que lo hace impermeable; las aguas estancadas, al perder el terreno su porosidad, son perniciosas y hay que desecar la laguna, limpiar el légamo y volver las aguas a su lecho. Para ello, los cincuenta obreros del campamento llevan ya varias semanas abriendo cauces, tallando trincheras y arrancando el légamo. Viéndolos remover el terreno, no puedo resistir a la sugestión de que estos hombres están aquí adiestrándose para hacer la guerra. Efectivamente: todos los trabajos que hacen los obreros voluntarios son útiles para un ejército en operaciones. Después he visto en las estadísticas que me dieron en el Ministerio que, de 179 132 trabajadores voluntarios, sólo 25 427 habían estado dedicados a labores propiamente de cultivo; los demás no habían hecho más que trabajos de remoción de tierras y de modificaciones en los bosques, equivalentes a los que sería necesario hacer en una guerra.

—¿Por qué no se dedican los obreros voluntarios a otro género de trabajos? Esto de remover la tierra es indudablemente beneficioso para mejorar y extender los cultivos, pero ¿no convendría adiestrar a estos hombres en algo más que en cavar trincheras y abrir caminos? —pregunto.

—No podemos dedicarlos a otros trabajos porque no queremos hacer competencia a la industria privada, que en Alemania sufre agudamente las consecuencias de la crisis.

—¿A quién benefician los trabajos hechos por estos hombres?

—Por lo general, a los municipios; es en los terrenos comunales donde preferentemente se hacen las obras de mejoramiento oportunas. También trabajan en posesiones privadas. Estos terrenos son propiedad de una condesa.

—¿Y los propietarios beneficiados no pagan nada a los obreros?

—Directamente, no; nos proporcionan alojamientos y ayudan pecuniariamente al sostenimiento de la institución.

—¿Qué jornal cobra un trabajador voluntario?

—Treinta *pfennigs*. (Unos cincuenta céntimos.)

—Treinta *pfennigs* cobran también los soldados, ¿no?

Ambiente de cuartel

Cuando llegamos al campamento de Biesenthal, a mediodía, los trabajadores voluntarios han dado ya de mano a

49

la faena y están en el caserón que les sirve de alojamiento comiendo el rancho. El funcionario del Ministerio que nos acompaña, desde que llegó al campamento, se ha convertido en una especie de coronel, al que los suboficiales que hacen de capataces saludan militarmente, dándose un taconazo formidable cada vez que se dirige a ellos. Cuando hemos penetrado en el comedor ha sonado una voz de mando autoritaria, y con un golpe seco los cincuenta trabajadores se han arrancado de la cabeza las gorras de cuartel que usan y se han quedado ante sus platos cuadrados militarmente.

Hemos comido con el coronel y los oficiales —perdón, con el funcionario y los capataces— el mismo rancho sabroso y nutritivo de la tropa. La austeridad prusiana nos ha privado hasta de un sencillo vaso de cerveza. De sobremesa hemos ido a visitar el alojamiento.

Es un viejo molino que era casi inhabitable y que estos hombres mismos para habitar han tenido que poner en condiciones. El Estado no les ha dado más que unas paredes desmanteladas y un techo ruinoso. Todo lo demás lo han hecho ellos. Por lo menos, así me lo afirma mi guía, mostrándome los catres de campaña en que duermen, toscamente fabricados. Yo he visto, sin embargo, al pasar por otro dormitorio, unos catres de campaña que los trabajadores voluntarios no han podido fabricar, y que indudablemente han salido de los antiguos cuarteles del ejército del Káiser.

En cada cuadra de éstas duermen doce o quince hombres, cuyos nombres y apellidos están inscritos en la puerta. Al lado del primer nombre que hay en la lista se lee: «El más viejo del cuarto». Este «más viejo del cuarto» tiene una autoridad indiscutible sobre los demás. Viene a ser algo así como un cabo. Podrían haber puesto el cabo o el sargento de la compañía. Pero no han querido ponerlo.

Cada vez que entramos o salimos de una de estas habitaciones, el suboficial que nos acompaña se cuadra ante nosotros y nos saluda militarmente, pegándose el inevitable taconazo. Esto no será un cuartel, pero no hay nada en el mundo que se le parezca tanto.

Resignación

Mientras hemos estado visitando el caserón se han presentado en el campamento unos muchachos que solicitan engancharse. Vienen con un aire triste, aburrido; con esa desgana y ese malhumor del hombre que ha perdido el hábito de trabajar y quizá de comer. Están a la entrada del comedor, con las manos en los bolsillos de los pantalones, venteando el olor del rancho e interrogando recelosos sobre «las costumbres de la casa» a sus futuros camaradas. Se ve desde el primer momento que no les hace maldita la gracia enrolarse en el cuerpo de trabajadores voluntarios. Estos infelices deben de haber trotado mucho inútilmente por los caminos de Alemania en busca de un jornal. No lo hay para ellos. Tal vez alguno de ellos sea comunista; aquél parece judío...

Nuestro coronel los mira de arriba abajo y, al advertir el aire desmadejado y despectivo que tienen y que aquí, entre los taconazos y los saludos, parece realmente una insolencia, tuerce el gesto significativamente. No le gustan. A ellos tampoco parece hacerles mucha gracia el ambiente cuartelero que se respira.

Se quedarán, sin embargo. ¿Qué van a hacer? Aquí hay un rancho seguro, un catre y dos reales diarios. Pero, sobre todo, hay una tarea. El alemán tiene que trabajar siempre. Tener trabajo es ser hombre. El alemán, a diferencia de los demás hombres de la Tierra, trabaja por un principio invisible, ajeno a la remuneración; no es la consecución del bienestar por el trabajo lo que le hace feliz, sino que su felicidad es el trabajo mismo. Si por la adversidad de las circunstancias el trabajo sólo lo dan hoy a toque de corneta y sin más remuneración que la comida, ¿qué se le va a hacer? Todo es cuestión de acostumbrarse. Tengo la convicción de que a la vuelta de unos días, estos socialistas y estos judíos marcarán el paso y saludarán a la bandera del Imperio con el mismo fervor que los otros. Lo importante es trabajar. Solos por los caminos del mundo, vagando a la deriva, viviendo del milagro y la aventura, como normalmente viven muchos millares de españoles, estos tipos germánicos son incapaces de vivir. En España, estos muchachos, antes que meterse en este cuartel, se convertirían en mendigos o pondrían bombas.

Aquí es otra cosa.

Pudor ante el objetivo

—¿A qué hora reanudan el trabajo? —pregunto al ver a los trabajadores voluntarios sesteando plácidamente después del rancho.

—Ya no se trabaja más hasta mañana. Las labores terminan a mediodía, y la tarde se consagra a la gimnasia.

—Saludable práctica. Si todos los patronos dedicasen la mitad de la jornada de trabajo a la cultura física de sus obreros, el mejoramiento de la raza sería prodigioso.

Y, en efecto, formados militarmente de nuevo los trabajadores voluntarios del campamento de Biesenthal, se dirigen a una explanada próxima, donde, a la voz de mando de sus capataces, se consagran a ejercicios gimnásticos.

He mostrado deseos de presenciarlos, y galantemente el jefe del campamento se ofrece a llevarme. Pero cuando llegamos a una distancia de trescientos metros, desde la que se divisa, aunque sin detalles, el cuadrado perfecto del pelotón, inclinándose y levantándose, moviéndose a derecha e izquierda rítmicamente, con esa exactitud de movimientos que consiguen las buenas formaciones gimnásticas, mi guía se detiene y me dice:

—Allí los tiene usted: ya los ha visto. Haciéndome el desentendido, yo insisto en aproximarme y continúo adelante. El jefe del campamento me sigue, a remolque casi, unos metros más. Pero he vuelto a sacar mi aparatito fotográfico y este hombre está dispuesto, por lo visto, a que yo no haga fotografías de la «gimnasia» de los trabajadores voluntarios. Y de manera inapelable, acabada ya su condescendencia, me hace dar media vuelta.

¿Saben ustedes por qué no ha considerado oportuno que nos acercásemos más? Sencillamente, porque los trabajadores voluntarios, en vez de hacer gimnasia, estaban haciendo la instrucción. Eso que en Alemania se llama discretamente gimnasia no es más que la instrucción militar que se da a los reclutas, pura y simple. A la distancia de trescientos metros podía verse perfectamente: el movimiento rígido de los reclutas y su marcha acompasada; se oía claro y distinto el silbato de los suboficiales y el desgarrón de las voces de mando. Esto era todo. No les parecía oportuno que hiciésemos fotos.

Pero contarlo ya se supondrían que íbamos a contarlo.

Trabajo voluntario = Servicio militar obligatorio

He llegado a esta conclusión:

Trabajo voluntario = Servicio militar obligatorio.

Y no debo ir descaminado. Según me explican, el Ministerio de Trabajo tiene el propósito de sistematizar la recluta de los trabajadores voluntarios. Para ello, todos los años se hará el cupo entre los obreros de dieciséis a veinticuatro años que cobran el subsidio de paro. Durante un período de varios meses, estos hombres serán trabajadores voluntarios obligatoriamente, y se les licenciará cuando, suficientemente entrenados en la disciplina del trabajo, estén en condiciones de poder ser útiles a la patria en cualquier momento.

¿Cuál será el momento?

El momento en que haya que darles un fusil.

El proyecto está ya muy adelantado, y me aseguran que allá para el mes de octubre podrá ponerse en ejecución, llamando a la primera quinta.

¿Cuántos soldados tendrá entonces Alemania?

Un jornal de esperanza

Ya de regreso a Berlín, el funcionario del Ministerio, viéndome un poco abatido por el ambiente cuartelero de la organización y al patrono sueco un poco desesperanzado del trasplante a sus fábricas de los trabajadores de dos reales, nos explicó:

—En estos tiempos angustiosos para Alemania, el hombre no tiene derecho más que a una cosa: a no perder el hábito de trabajar. Esto es todo lo que podemos ofrecerle. Aquellas exigencias del marxismo, todas las coacciones sindicales y las reivindicaciones proletarias se han acabado de raíz; en las presentes circunstancias, el trabajador no tiene derecho más que a trabajar.

—¿Ni siquiera a comer?

—Sí; el rancho.

He debido de poner una cara tan extraña que mi interlocutor, encogiéndose de hombros, agregó:

—Es difícil que usted lo comprenda; pero el pueblo alemán sabe perfectamente que no hay más. Y convencido de esta dolorosa realidad, acepta esto que a usted le parece monstruoso. Lo acepta resignado, y se pone a trabajar por dos reales diarios y una escudilla de rancho con la esperanza de que el nuevo régimen sabrá crearle unas condiciones de vida mejores que las que supieron depararle catorce años de socialismo y comunismo.

—Sí; pero de momento, el nuevo régimen lo que ha hecho ha sido cambiarle al obrero su jornal y su libertad por el plato de rancho y la disciplina.

—Merced a este sacrificio le ofrece el bienestar en el futuro, cuando Alemania vuelva a ser grande.

—No es mucho.

—¿Cree usted que al cabo de catorce años el comunismo le ha ofrecido algo más que una esperanza al obrero de la Unión de Repúblicas Socialistas Soviéticas? El porvenir, a cambio de una vida dura y sin libertad.

La teoría de la vacuna

Esto es absolutamente cierto. En contra de todo lo que por táctica digan los partidos democráticos y marxistas, la verdad es que el proletariado alemán se ha puesto unánimemente al lado de Hitler. En Alemania no hay más que nacionalsocialismo. La eliminación de todas las demás fuerzas políticas y sociales ha sido absoluta y fulminante, merced, de una parte, a la eficacia indiscutible de un instrumento de acción tan contundente como las tropas de asalto y, de otra, a las esperanzas que el nacionalsocialismo, por su raíz demagógica y sus afirmaciones socializantes, ha hecho concebir a los obreros.

El trabajador alemán se ha dejado ganar por lo que Hitler ha tomado prestado al socialismo. Para conquistar al proletariado, Hitler ha seguido el mismo camino que siguió Mussolini: ha puesto en práctica lo que un escritor francés (Fabre-Luce) llamó la teoría de la vacuna. Hitler, para combatir al socialismo, ha vacunado con virus socialista a la burguesía alemana.

Esas impresionantes afirmaciones del nacionalsocialismo contra la renta, contra la propiedad privada de la tierra, contra la especulación y contra toda la burguesía han hecho su efecto en las masas. No se olvide que Hitler ha mantenido hasta ahora sus postulados revolucionarios en materia social, y que aun ahora, aliado con los barones y los grandes industriales, procura dar la impresión de que está luchando contra ellos, hasta el punto de que en sus relaciones con Von Papen[2] la gente quiere ver un doble juego: el de que cada uno va a engañar al otro. El alemán, hombre de buena fe, cree que Hitler va a convertir al socialismo a las fuerzas conservadoras del Estado; la opinión no alemana, más recelosa, cree que Hitler es sencillamente una vacuna, un recurso terapéutico de la burguesía alemana.

2. Franz von Papen (1879-1969), político, militar y diplomático, ocupó el cargo de canciller de la República de Weimar entre junio y diciembre de 1932 y, posteriormente, el de vicecanciller de Hitler en el Tercer Reich, de 1933 a 1934.

El doble juego

No hace muchos meses, se dio un caso curioso. Un hitleriano y un pangermanista netamente conservador iban del brazo en sus propagandas. El pangermanista se levantó en un mitin y dijo:

—La propiedad no peligra.

Acto seguido, el hitleriano declaró:

—La propiedad no tiene razón de ser. Vamos contra los *Junkers*[3] tanto como contra los comunistas.

Los camisas pardas han recorrido Alemania diciendo textualmente:

«Somos socialistas y vamos contra la mentira de la compasión burguesa. No queremos para el obrero la piedad de los burgueses, y nos burlamos de la legislación social burguesa, con la que no basta para vivir, y para morir, sobra. Queremos dar al obrero el producto íntegro de su trabajo». Y cosas por el estilo.

Hay, además, un viejo tipo de propaganda demagógica que siempre da resultado y que Hitler ha cultivado intensamente: es esa propaganda que tiene por base el meter en cintura a los explotadores del pueblo; siempre que se les dice esto, las masas populares se conmueven. Hitler disponía de unos explotadores para el sacrificio: los judíos.

Y los ha aprovechado bien.

Pero cuando los señores de Alemania, las clases conservadoras, los grandes industriales, los barones que tienen en sus manos el carbón, el acero, la tierra y las finanzas, un poco alarmados, constriñeron a Hitler, éste les contestó:

3. El término hace referencia a los miembros de la antigua nobleza terrateniente prusiana.

«Yo lo que quiero es salvar la economía; no destruirla.»
Y pactaron con él.

Apoteosis

Hoy, el triunfo de Hitler es absoluto. La fiesta del Primero de Mayo en el campo de Tempelhof fue apoteósica: trescientas mil almas le aclamaron delirantes. Al día siguiente, Hitler se incautaba de los sindicatos. Todo esto, con un ademán imperial. Los líderes obreristas que iban a pactar su sumisión eran enviados a la cárcel, y las masas que hasta hace poco les habían seguido acataban sin discusión las órdenes del *Führer*.

Ante quinientos representantes de los sindicatos, reunidos en la Casa de los Señores, Hitler ha declarado constituido el «frente obrero» de la revolución nacionalsocialista y se ha proclamado su «protector».

«Vamos —ha dicho— a restablecer las relaciones patriarcales entre patronos y obreros.»

Y se acabó el marxismo.

LA PELÍCULA DE UN AUTO DE FE CELEBRADO EN BERLÍN EN EL SIGLO XX
Ahora, 20 de mayo de 1933

En la fecha mencionada más arriba, en lugar de un artículo firmado, como los demás de la serie, se publicó un reportaje fotográfico sin texto principal y sin firma, en el que las imágenes iban acompañadas no de meros pies de foto, sino de largos textos que en realidad constituyen un artículo en sí mismo, legible sin la presencia de las imágenes, pues se trata de párrafos claramente hilados entre sí —el último de los cuales hila a su vez con la siguiente publicación de la serie: la entrevista a Goebbels—. Nos resulta difícil determinar sin lugar a dudas si la autoría de estos textos corresponde a Chaves Nogales. Por un lado, sería extraño que el autor no hubiese escrito sobre un episodio de tanta relevancia como la tristemente célebre quema de libros en la Plaza de la Ópera de Berlín y en otras ciudades universitarias. Además, el autor escribió cuando menos algunos de los pies de foto del resto de los artículos. (Y tomó él mismo algunas de las fotos; por ejemplo, en el artículo del día 18, leemos al pie de una de las imágenes: «Mientras los jefes del campamento van mostrándome la obra de los trabajadores voluntarios, disparo disimuladamente mi máquina fotográfica y me quedo con este testimonio gráfico…».) Ahora bien, por otro lado, hay alguna expresión en este reportaje que difiere de las empleadas por Chaves Nogales en el resto de los artículos (así, aquí encontramos la fórmula «cruz esvástica», que no aparece en los demás textos, donde el autor emplea indistintamente «[e]svástica» o «cruz gamada»). Sea como fuere, teniendo en cuenta (insistimos) que el reportaje fotográfico forma parte de la serie, que puede leerse como un artículo en sí mismo sin la presencia de las imágenes y que el episodio histórico abordado es de suma relevancia, hemos decidido incluir en esta edición los mencionados textos, sin atribuírselos necesariamente a Chaves Nogales.

«La cólera vengadora del espíritu alemán ha despertado» —dicen—. Y el Comité de Acción de los estudiantes hitlerianos ha resuelto que la primera manifestación de esa cólera casi divina sea una quema general de libros perniciosos. Este bizarro nazi y esta audaz *gretchen*[1] van a decir al mundo qué es lo que del pensamiento humano merece salvarse.

Durante una semana, los jóvenes hitlerianos, con sus grandes banderas y sus camiones, han ido por las librerías, las bibliotecas públicas y los gabinetes de lectura recogiendo los libros antialemanes. ¿Cuáles son los libros antialemanes? Los libros antinacionalistas: toda la literatura pacifista, democrática, socialista, liberal y republicana.

El joven nacionalista alemán quiere ser casto y puro. Su reacción frente a la corrupción ambiente le ha hecho revolverse contra los libros pornográficos y contra toda esa literatura seudocientífica de la psicología sexual. Al sentir bajo sus altas botas claveteadas los libros pornográ-

---

1. Hipocorístico del nombre propio Greta, que es a su vez una abreviación de Margarete. Usado aquí en el sentido de mujer joven.

ficos, se hace la ilusión de estar pateando sus propios pecados.

Ni un motín, ni una asonada. La quema se ha organizado con el ceremonial que la Inquisición quería para sus autos de fe, y los jóvenes inquisidores germanos, semejantes a los cuadrilleros de la Santa Hermandad, iban prendiendo así a los reos delatados por los inquisidores mayores, los profesores hitlerianos de las Facultades de Ciencias y Letras.

Para edificación del pueblo, el cortejo medieval que conduce a la hoguera va atravesando las calles principales de la gran ciudad a la luz incierta de los hachones. Sobre los camiones donde van las obras de Wells, Ludwig, Remarque, Sforza, Gorki y tantos otros, ondean unas banderas con la cruz esvástica que evocan la fatídica cruz verde de la Santa Inquisición.

No basta con quemar los libros y aventar las cenizas. Algunos autores relapsos van a ser quemados también en efigies; así, Emil Ludwig; así, este profesor inmoral de sexología, el doctor Magnus Hirschfeld, cuyo busto conduce la tropa de nazis a la hoguera con el mismo ademán triunfal con que hubiesen llevado su odiada cabeza clavada en una pica.

Como en el año 1000, los reos han ido a la hoguera rodeados de la befa popular. Los inquisidores de hoy no han querido que en su auto de fe faltase siquiera la simbólica coroza. En la quema de libros efectuada en Fráncfort, a imitación de la de Berlín, los carros cargados de libros iban arrastrados por bueyes que lucían leyendas grotescas y ultrajantes.

En la plaza de la Ópera, ante las estatuas de emperadores y filósofos, se ha formado la pira, y los verdugos van sacando a sus víctimas de los camiones y van arrojándolas al fuego. Veinte mil volúmenes, recogidos en setecientas librerías y bibliotecas de Berlín, han caído en la hoguera purificadora encendida por el fervor inquisitorial del nacionalsocialismo.

¡Al fuego! ¡Al fuego! Los jóvenes nazis, jubilosos, arrojan uno a uno los libros malditos a la gran hoguera. Allá van a ser devorados por el fuego los nobles pensamientos pacifistas, junto con los bajos halagos al instinto; la pornografía y la espiritualidad; la bella frase y la imagen feliz y la facecia y la imprecación. ¡Todo arde ya en una sola llama!

Estos libros malditos no hablarán más. Ya no repetirán nunca sus palabras desalentadoras para la juventud. Una densa y negra humareda se alza de la pira gigantesca, y con ella parece crecer y llegar al cielo la fe de los alemanes en sí mismos, su fervor patriótico, su mística nacional, su espíritu combativo. *Deutschland, Deutschland über alles...!*[2]

Ondean triunfales las banderas del Imperio, mientras los pobres volúmenes crepitan en la hoguera. La muchedumbre, transfigurada, entona sus himnos patrióticos con un fervor religioso que recuerda los salmos de los templos. La conciencia alemana, purificada, va a lanzarse a la conquista del mundo, a cumplir la misión providencial que le está reservada.

El gran inquisidor de Alemania, el minúsculo y terrible doctor Goebbels, asoma su cara lívida entre los haces de luz de los reflectores, y mientras sus tropas, delirantes de entusiasmo, patean el rescoldo y avientan las cenizas de los libros malditos, explica el valor simbólico del auto de fe realizado. «El espíritu liberal ha muerto», dice sencillamente.

2. «Alemania, Alemania por encima de todo», palabras con las que comienza el himno nacional.

¿HABRÁ FASCISMO EN ESPAÑA?
Entrevista a Joseph Goebbels[1]
Ahora, 21 de mayo de 1933

He ofrecido hacerlo y lo cumplo. Cuando solicité una interviú con el doctor Goebbels, que es, a mi juicio, el tipo más interesante de la nueva Alemania —incluyendo en esta subordinación de interés al propio Hitler—, me pusieron, naturalmente, algunas cortapisas. Ser ciudadano de la República Española y periodista liberal no es hoy, para los gobernantes alemanes, una invitación a la confianza. Los españoles estamos haciendo exactamente lo contrario de lo que hacen los alemanes, y ya suponen ellos que no vamos a traicionar nuestras convicciones nacionales en beneficio de las suyas. El señor ministro de Propaganda —me dijeron— contestará a tres preguntas que usted le haga, pero, si no quiere correr el riesgo de ser desautorizado, estas tres preguntas y sus respuestas deben publicarse textualmente, sin comentarios ni interpretaciones; cada pregunta, con su respuesta, a renglón seguido. Nada más.

Así lo prometí y así lo cumplo. Permítaseme, sin embargo, decir a mis lectores quién es este doctor Goebbels.

1. La entrevista tenía originalmente el siguiente subtítulo: «El lugarteniente de Hitler y actual ministro del Gobierno alemán, doctor Goebbels, habla expresamente a los lectores de *Ahora*».

Es un tipo ridículo, grotesco; con su gabardinita y su pata torcida, se ha pasado diez años siendo el hazmerreír de los periodistas liberales. Toda Alemania está llena de anécdotas pintorescas sobre este tipo estrafalario, al que —verdad o mentira— se le ha colgado todo aquello que puede hacer polvo a un hombre. Siendo, como es, el azote de los judíos, se ha dicho incluso que era judío, aunque, según parece, la única verdad es que su suegra llevaba un apellido israelita.

Pero Goebbels era un tipo enconado, duro, implacable, que todos los días, después de andar ajetreado en menesteres revolucionarios, se encerraba en la redacción de *Der Angriff* —el órgano en la prensa del nacionalsocialismo— y dictaba a una mecanógrafa un artículo de fondo. Este artículo de fondo de *Der Angriff*, que Goebbels dictaba mientras iba y venía por la redacción arrastrando su pata coja, llegó a ser lo que todos los periodistas quisieran que fuesen sus artículos: un suceso, un verdadero suceso que se producía en la conciencia del lector cada vez que en el metro, en el café, en la calle, donde fuese, alguien cogía el periódico y se ponía a leerle. Tenía esa misma facultad prodigiosa que en nuestro tiempo han tenido Léon Daudet, el reaccionario, y Trotski, el comunista. Goebbels escribía como hablaba: claro, sucinto, terminante. Hay en él la misma capacidad de sugestión y de dominio que en todos los grandes iluminados, en todos esos tipos nazarenoides de una sola idea encarnizada: Robespierre o Lenin. Lucirá mucho menos que Hitler en las paradas, pero es más certero. Creo que no se pone nunca la camisa parda, pero debajo de su gabardinita insignificante lleva la guerrera más ajustada de Alemania. Es de esa estirpe dura de los sectarios, de los hombres votados a un ideal con el cual fusilan a su padre si se les pone por delante. En España no ha habido así más que algunos curas carlistas, hace ya muchos años.

✳ ✳ ✳

—*¿Cómo se propone el Ministerio de Propaganda contrarrestar la propaganda antialemana que puedan llevar a cabo en el extranjero los judíos emigrados de Alemania?*

—Nos consta que los judíos emigrados al extranjero mantienen estrechas relaciones con los judíos en Alemania. A las organizaciones israelitas alemanas no ha de serles difícil, por consiguiente, lograr que sus hermanos de raza emigrados se abstengan de toda agitación y de toda injerencia en los asuntos internos de Alemania, con lo cual prestarán un servicio a los judíos que en Alemania residen. El boicot de defensa contra los judíos, puesto en práctica por nosotros hace algún tiempo, nos demostró que este género de presión era perfectamente posible. En adelante seguiremos manteniendo el principio de que los judíos residentes en Alemania tienen obligación de evitar que el país donde viven sea difamado.

—*¿Qué métodos de propaganda piensa emplear el ministerio fuera de Alemania?*

—Nuestro método de propaganda en el extranjero será muy sencillo. No haremos ninguna propaganda. Nos limitaremos a procurar que la verdad sobre Alemania sea conocida en todo el mundo. Trataremos de explicar a los demás países lo que en realidad ha ocurrido en Alemania y los motivos que han dado lugar a que lo ocurrido pudiera ocurrir. Hemos podido comprobar que las ideas corrientes en el extranjero sobre la situación de Alemania y sobre las causas espirituales de la revolución alemana son en extremo confusas. Pero tenemos, por otra parte, el convencimiento de que para disipar estas confusiones bastará la difusión de la verdad. No tenemos la pretensión de influir sobre la opinión extranjera. Pedimos únicamente que para los juicios del extranjero sirva de base la verdad de lo que ocurre en Alemania.

—¿*Cree el señor Ministro de Propaganda que la doctrina nacionalsocialista puede y debe encontrar un eco en los demás países?*

—Puedo repetir, con referencia al nacionalsocialismo, las palabras de Mussolini, cuando dijo que el fascismo no era artículo de exportación. Tampoco lo es el nacionalsocialismo. Pero tengo, eso sí, el convencimiento de que la transformación espiritual de Europa, expresada en el fascismo, el kemalismo[2] y el nacionalsocialismo, será completa dentro de una o dos décadas. Cada pueblo deberá encontrar en la esencia de su propia personalidad nacional nuevas formas para dicho espíritu. Pero no cabe duda de que llevarán una ventaja los pueblos que se mueven ya ahora al impulso irresistible del sentimiento nacionalista.

2. En referencia a la ideología desarrollada por el Movimiento Nacional Turco y su líder Kemal Atatürk.

LA CONQUISTA DE LA JUVENTUD
Ahora, 23 de mayo de 1933

El niño nazi

De aquí en adelante, todos los niños que nazcan en Alemania traerán la cruz gamada en el ombligo. No desconfío de que los sabios alemanes lleguen a aislar el principio biológico del nacionalsocialismo, ni de que encuentren la manera de inyectárselo a las embarazadas.

Ya no habrá en Alemania más que niños nazis. A los alemanes que Hitler ha cogido adultos y barbados no ha habido más remedio que molestarse en convertirlos al nacionalsocialismo, y a los que eran incapaces de conversión el *Führer* ha tenido que tomarse el trabajo de «extirparlos» —es su expresión favorita—; pero con los que nazcan de aquí en adelante no está dispuesto a tomarse esos penosos trabajos. Nacerán ya como convenga.

A partir de ahora, el niño alemán vendrá al mundo con el convencimiento indestructible de que es un niño privilegiado que pertenece a la mejor raza de la Tierra; antes que a enderezarse sobre sus extremidades abdominales y a salir marcando el paso de oca, habrá aprendido que es miembro de un Estado totalitario que tiene una misión providencial que cumplir; estará convencido de que no todos los hombres son iguales ni todos los pueblos tienen los mismos derechos, y sentirá gravitar sobre sus hombros todo el peso de la herencia del heroísmo de los germanos; considerará subversivos los conceptos de Paz, Libertad y Humanidad; aceptará que la vida es milicia, y la milicia, cuartel; estudiará una historia universal que será sólo la historia de Alemania; leerá únicamente en libros impresos con caracteres góticos y no entenderá los caracteres latinos; lo que hasta aquí se ha llamado «la invasión de los bárbaros» él lo llamará «la migración de los pueblos»; crecerá y se hará hombre sólo para imponer al mundo estas convicciones, y con este fin exclusivo cultivará las ciencias y las artes, practicará los deportes y, sobre todo, se adiestrará en el boxeo. Porque este niño alemán viene al mundo con el compromiso de andar siempre entristecido, pensando que hay unos millones de alemanes que viven bajo el yugo extranjero y con la promesa formal de que se hará fuerte y sabio para acudir a libertarles cuanto antes.

Los alemanes están orgullosísimos, relamiéndose sólo de pensar en lo que será capaz de hacer este niño que van a producir en serie. Pero uno —que no pertenece a la mejor raza del mundo— se queda pensando que es triste el destino de estos niños alemanes, para los que ningún acento verdaderamente humano será jamás inteligible. Es indudable que serán unos niños magníficos, fuertes, sabios, valientes; pero en cambio, todas las voces que no sean exclusivamente alemanas serán para ellos trágicamente incomprensibles. Cuando, como hace unas semanas, unos niños ingleses lancen al mundo un patético mensaje dirigido a todos los niños de la Tierra, en el que se hable con un acento hondo y universal de la «sed de paz», estos magníficos niños alemanes no lo entenderán. Y uno espera, en cambio, que haya unos rapaces en las montañas de Galicia o unos chavalillos en las vegas andaluzas, más débiles acaso, peor preparados tal vez, que cuando suenen en el mundo esas voces humanas y las oigan, las entiendan, que sean para ellos una lengua inteligible, porque aunque es posible que no tengan zapatos —procuraremos que los tengan— conservarán integro, puro, el sentimiento de la Libertad, el de la Justicia, el de la Paz y el de la Humanidad.

Y entonces se siente una gran pena por esos niños que van a producir los nazis.

Hay que saber cómo se hacen bien las cosas

Hay que tener un poco de imaginación para comprenderlo. Imaginemos que el señor Casares Quiroga reuniese un día en su despacho del Ministerio de la Gobernación a los rectores de las universidades, a los directores de los institutos y a los inspectores de primera enseñanza y, sobre poco más o menos, les dijese:

«Señores, es indispensable que ustedes se encarguen de que la juventud y la infancia españolas sean penetradas hasta lo más hondo por el sentimiento republicano. El niño español tiene que aprender a odiar al monárquico, y ustedes, señores, tienen la misión de inculcárselo. Han de barrer de las conciencias infantiles todo lo que no sea exclusivamente republicano, porque la República es España, y, en cambio, la monarquía no fue más que una traición al sentimiento nacional, a la verdadera patria española. Tienen ustedes que llamar la atención de los niños sobre la situación trágica que la monarquía ha creado a los españoles. Si España es hoy una nación empobrecida, ustedes van a decir constantemente a los niños que se debe única y exclusivamente al antipatriotismo de los monárquicos y a las infamias del régimen desaparecido. Estas afirmaciones no son unos postulados políticos, sino que ustedes, los maestros· de los niños españoles, las tomarán como base indestructible de todas las ciencias y las artes que de aquí en adelante se cultiven en las universidades, los institutos y las escuelas de España. Esto que yo digo aquí ahora es la doctrina que se va a repetir todos los días y con todos los pretextos en todas las aulas del territorio nacional. ¿Estamos?»

Los rectores de las universidades, los directores de los institutos y los inspectores de primera enseñanza bajarían respetuosamente la cabeza y se irían a sus cátedras a repetir estas palabras una y mil veces todos los días con la mejor voluntad y el más meritorio celo. Con la mejor voluntad y el más meritorio celo, porque previamente el señor Casares Quiroga se habría cuidado de que no fuesen ya rectores, ni directores, ni inspectores los que no estuviesen en tan favorable disposición de ánimo.

Pues esto es —traducido al español— lo que ha hecho en Alemania el doctor Frick,[1] un señor que se ha sentado en un despacho de un ministerio que es igual, exactamente igual, que el que tiene el señor Casares Quiroga en la Puerta del Sol.

La única esperanza de las dictaduras: la corrupción de menores

Hay que grabar de manera indeleble las doctrinas nacionalsocialistas en las imaginaciones infantiles. Ésta es la

1. Wilhelm Frick (1877-1946), por entonces ministro del Interior. A él se deben las leyes para la nazificación de Alemania —la *Gleichschaltung* (unificación política forzada) y las normas antisemitas y racistas de las Leyes de Núremberg, entre otras.

principal preocupación de los hombres que hoy gobiernan Alemania. Para lograr esta deformación espiritual del niño y conseguir esta servidumbre de la inteligencia infantil a una concepción política que se ha proclamado dogma del Estado, todos los medios se consideran lícitos. Además de a la coacción sobre los educadores, se ha recurrido al arma de la propaganda por la imagen, arma formidable en manos de estos hombres de Hitler, que se jactan de decir que los regímenes anteriores no han sabido esgrimirla y que consideran desdeñable y de poca monta incluso el ejemplo de Mussolini.

El Ministerio de Propaganda es, efectivamente, una de las piedras angulares del nacionalismo. Ya en aquel gobierno clandestino que tenía Hitler en la Casa Parda de Múnich había no uno, sino dos Ministerios de Propaganda confiados a los hombres más activos e inteligentes del partido. No se espera a que las gentes se convenzan por las buenas de la excelsitud de los gobernantes nazis y de la legitimidad de sus doctrinas, sino que se sale en avalancha a las calles y a los campos para cazar al ciudadano con un formidable reclamo. Prensa, carteles, charangas, banderas, uniformes: toda Alemania está bajo la acción proselitista de este aparato gigantesco de publicidad.

Pero cuando se dirige a los chicos, esta campaña de propaganda es realmente aterradora. Los grandes almacenes están llenos de juguetes nacionalsocialistas; todos los juegos infantiles en boga tienen un sentido nazi, y lo mismo ocurre con los deportes. Las chaquetillas bávaras, las insignias, los uniformes, las banderas, las armas, las estampas, todo lleva al chico hacia el nacionalsocialismo.

En el cine, los muchachos no verán más que películas de las paradas hitlerianas, ni oirán más que discursos del *Führer;* folletines a base de espionaje y escenas de guerra; *Alemania sangrante, Los camisas negras;* en todo caso, nada que pueda suscitar una crítica del partido o de sus doctrinas. Hace poco se ha prohibido la exhibición de *Muchachas de uniforme* porque es una película que tiende a humanizar la férrea disciplina prusiana.

Es la misma táctica del Partido Comunista. Cuando en los primeros tiempos del bolchevismo las doctrinas soviéticas fracasaban y el régimen estaba a punto de perecer, Lenin seguía imperturbable, consagrando sus mayores esfuerzos a la propaganda infantil, y afirmaba: «Por mal que vaya todo, si me dejan a los chicos en mis manos durante unos años, no habrá nada después que derribe el régimen soviético».

Esta misma preocupación ha tenido Mussolini en Italia y tiene ahora Hitler en Alemania. Todas las dictaduras convencidas de que el régimen de represión, por violento que sea, a la larga trae la ruina del dictador, ponen su esperanza en la fabricación artificial de una juventud que consolide su obra. Si durante los años que tuvo el poder en sus manos, Primo de Rivera se hubiese dedicado como Lenin, Mussolini y Hitler a la corrupción de menores con fines políticos, no habría sido tan fácil la tarea de implantar un régimen democrático en España.

Un cauce a las rebeldías juveniles

Hitler fue directamente a captar a la juventud. Desde el comienzo, el nacionalsocialismo tuvo un aire radical, impetuoso, violento, que halagaba a los jóvenes. La propaganda se hace todavía entre los muchachos a base de que no hay en el mundo una doctrina que satisfaga tan plenamente los impulsos juveniles. Todos los radicalismos y todas las audacias de la juventud caben en la actuación de las tropas de asalto de Hitler.

A los desheredados, a los millones de muchachos que andan por las carreteras alemanas convertidos en vagabundos por no encontrar trabajo, el nacionalsocialismo les ofrece una revolución antiburguesa dirigida principalmente contra los explotadores del pueblo. Más, mucho más, de lo que pueda ofrecer el comunismo a las masas proletarias lo ofrece Hitler a los rebeldes alemanes. ¿Cómo va a cumplir el *Führer* sus promesas demagógicas? Esto no se ve claro todavía. Pero lo cierto es que le han creído. En los últimos tiempos, los propagandistas nazis iban a los millares de «albergues de juventud», esos que hay por toda Alemania para proporcionar refugio a estos muchachos vagabundos, medio mendigos, medio deportistas, que con un morral a la espalda y una mandolina en el pecho cruzan sin rumbo los caminos de Alemania; y allí, ante el fuego del hogar, hacían su campaña proselitista. Son millares y millares los comunistas de hace unos años que hoy se hallan convertidos al nacionalsocialismo sin que les quepa en la cabeza que han saltado limpiamente de un mundo a otro, considerándolo como una evolución natural.

A las juventudes universitarias que desde el primer momento se inclinaron hacia el nacionalsocialismo, Hitler les ha restablecido de un golpe todas sus viejas franquicias. Ha restaurado los antiguos derechos de los estudiantes y ha utilizado sus asociaciones para que delatasen y eliminasen a los profesores contaminados de liberalismo, judaísmo o marxismo.

La gran fuerza de Hitler para la conquista del poder han sido indiscutiblemente los jóvenes. No nos equivoquemos: la juventud rebelde alemana está con el *Führer*.

Ya nada puede detener la avalancha

Estando en Berlín, hace ya cinco años, fui una tarde a la redacción del *Berliner Tageblatt* para hablar con Theodor Wolff.[2] Los periodistas españoles teníamos candente entonces aquella vergüenza de la previa censura, y fui, naturalmente, con nuestro pleito al gran periodista. Pero Wolff, que tenía ya ante los ojos el panorama de la Alemania de hoy, me habló de una manera insospechada para mí. Vino a decirme:

«La censura para la prensa es necesaria; cada vez más necesaria. Pero no para que la ejerza un gobierno en beneficio de sus fines particulares o de sus hombres, eso es siempre condenable. En cambio, cada día estoy más convencido de que es indispensable una censura de prensa ejercida no a beneficio de los gobiernos, sino precisamente en contra de ellos. Nunca será tan dañino lo que un periodista rebelde escriba como lo que un gobierno inspira y hace escribir. Las campañas de un periódico de oposición pueden ser fatales para un político o un régimen; pero las campañas alentadas por los gobiernos pueden desencadenar una nueva catástrofe mundial. Censura, sí; pero para los políticos y los gobernantes que se valen de la prensa. Lo horrendo, lo espantoso, lo que tiene consecuencias incalculables es el estado de opinión unánime que en un momento dado un gobierno puede provocar en un país por medio de los periódicos. Yo sueño en una censura de prensa ejercida por un tribunal internacional con un alto sentido de la justicia y una autoridad indiscutible; un organis-

2. El *Berliner Tageblatt*, publicado entre 1872 y 1939, era uno de los principales diarios liberales alemanes. Theodor Wolff (1868-1943) era su editor jefe.

mo análogo al Tribunal de Justicia Internacional de La Haya, que llegado el caso pudiera cortar ciertas propagandas infames que los gobiernos mismos alientan. ¿Cree usted que en estos momentos no sería la salvación de Europa que una censura internacional de prensa impidiese las campañas ferozmente nacionalistas de los gobiernos que están dispuestos a lanzar nuevamente a sus pueblos a una guerra?»

¡Pobre Theodor Wolff! ¿En qué oculto rincón de Alemania estará a estas horas contemplando despavorido cómo el gobierno de Hitler desencadena la campaña de prensa más fuerte que se ha hecho en el mundo para lanzar a la guerra a un pueblo? ¿Qué pensará el iluso demócrata de esta captación del adolescente y del niño para los fines imperialistas del nacionalsocialismo que ya nadie puede frenar?

¡Pobre Theodor Wolff! Su periódico, el *Berliner Tageblatt*, es hoy uno de los más furiosos defensores del belicoso nacionalsocialismo; uno de esos periódicos hitlerianos de nuevo cuño que hacen decir al ministro Göring,[3] con el mayor desprecio del mundo: «El celo de la antigua prensa pacifista convertida ahora al nacionalsocialismo es tal que los viejos y auténticos nacionalsocialistas nos ruborizamos leyendo las fervorosas demostraciones de estos recién llegados».

---

3. Hermann Wilhelm Göring (1893-1946), una de las figuras más destacadas del Partido Nacionalsocialista, era por entonces presidente del Reichstag y estaba además al frente del Ministerio del Aire del Reich.

¿POR QUÉ SON NAZIS LAS MUJERES?
Ahora, 24 de mayo de 1933

A la cocina

Yo no quería hacer propaganda de Hitler, y si cuento esto sé que se la voy a hacer. Pero como quiero cumplir mis deberes de informador imparcial, no tengo más remedio que contarlo.

Uno de los más fuertes apoyos de Hitler son las mujeres, a las que precisamente Hitler ha metido en la cocina de un manotazo. «Se acabaron los derechos políticos de las mujeres —dijo el *Führer*—; no tienen nada que hacer en política; el nacionalsocialismo donde necesita a las mujeres es en el fogón o criando a los hijos». Y apenas había dicho esto, las mujeres, en las primeras elecciones que hubo, se fueron como corderitas a votar a Hitler. Ellas han sido las que le han dado su gran triunfo electoral.

En cualquier parte, esta desconsiderada actitud del *Führer* para con las mujeres bastaría para que se alzase un clamor universal de condenación. «¡Qué bárbaro!», diría la gente. Pero aquí, en España, tengo el temor de que al contarlo estoy haciendo, sin quererlo, muchos prosélitos para el hitlerismo. Y no es lo malo que estos prosélitos salgan de entre los filofascistas españoles, sino que van a salir también de entre los más puros demócratas y los más fervorosos republicanos, porque si alguien tiene una dolorosa experiencia y un justificado temor acerca de la intervención de la mujer en la política, deben ser, precisamente, los republicanos españoles. Todavía no se han tocado todas las consecuencias del lío que ha armado Clarita Campoamor con esto del voto femenino. Sin que esto quiera decir que deban alegrarse las derechas y los monárquicos. ¡Quién sabe si, al final, van a ser los que más deploren la intervención de las mujeres españolas en la política!

Nada menos que el fogón

Pero no vale contentarse con la gracia de la paradoja. Cuando Hitler manda al fogón a las mujeres y las mujeres van, es, naturalmente, por algo.

Es, sencillamente, que Hitler, al mandarlas al fogón, les ofrece eso, el fogón; nada menos que el fogón. Quizá a muchas de mis lectoras se les haya olvidado la importancia que esto tiene.

Pero piensen que todas las andanzas políticas y sociales de la mujer alemana tienen esta única y exclusiva causa: que no había fogones, que no había hogares, que no había casas, que no había hombres. Cuando esto ocurre en un país con la intensidad con que había venido sucediendo en Alemania a partir del armisticio, se plantea una serie de problemas sociales a base del feminismo verdaderamente pavorosos. Las mujeres, a las que la crisis ha echado a la calle, tienen que patear y luchar a brazo partido con los hombres en medio del arroyo. Las pobres, en esta lucha, llevan la peor parte, naturalmente, y si de pronto aparece un guardia que dice autoritariamente: «¡Basta;

a la cocina!», la mujer se va muy contenta, porque supone que, efectivamente, hay una cocina a la cual se puede ir a cocinar.

El problema es que haya cocina. Hitler dice que sí. Allá veremos. Yo no lo creo, la verdad.

Cuando alguna vez las mujeres le han ido con sus problemas sociales, Hitler les ha tapado la boca con afirmaciones terminantes.

—¿Cuál es la política del nacionalsocialismo acerca del problema de los hijos ilegítimos? —le preguntaron una vez.

—Con el nacionalsocialismo —contestó—, no habrá hijos ilegítimos, porque cada mujer tendrá su marido.

Esto, así, a primera vista, zanja todos los problemas. Pero ¿habrá hombres bastantes para que cada mujer tenga un marido? ¿No hay en Alemania mayor número de hembras que de varones?

Problema insoluble

La cosa se complica si se tienen en cuenta las exigencias racistas de los nazis. Sostienen éstos que no todos los seres humanos tienen derecho a reproducirse; como una de las piedras angulares del nacionalsocialismo es la depuración de la raza, los nazis aspiran a que sólo los puros arios puedan casarse y tener hijos.

Uno de los teorizantes más autorizados que tiene el racismo concreta su programa de mejoramiento de la raza en una división fundamental de las mujeres alemanas, a las que clasifica en cuatro grupos: las que se deben casar de todos modos, porque su casamiento es conveniente para la raza; las que no importa nada que se casen y tengan hijos si les gusta; las que no se deberán casar más que después de haber sido esterilizadas, y las que no se debe consentir de ninguna manera que se casen.

A los varones, el nacionalsocialismo les impone también no pocas restricciones. Una de las ordenanzas de Hitler a sus tropas de protección —que son lo más selecto del nacionalsocialismo— previene que ningún individuo de estas tropas podrá contraer matrimonio si no presenta ante el servicio de control de la raza los cuadros genealógicos debidamente en regla, suyo y de su prometida.

Este cuidado por el *pedigree* reduce notablemente el número de varones que puedan convertirse en maridos. No se vislumbra cómo Hitler va a poder cumplir su promesa a las mujeres alemanas de darles un marido a cada una.

En los vilipendiosos tiempos de la democracia y el internacionalismo que han terminado para siempre, la raza ha degenerado indudablemente porque las mujeres germánicas no tenían ningún escrúpulo en casarse con judíos, indios, chinos, negros o lo que hubiera; yo quiero creer que las muchachitas germánicas han preferido siempre ver sus claros ojos reflejados en los ojos azules de un ario de lo más puro que pueda darse; pero ¿y si no hay ario? Si en el mercado matrimonial tenían cotización los judíos, era sencillamente porque escaseaban los arios.

Los arios van a seguir escaseando, y como Hitler no se decida a resolver el problema de su raza como resuelven los ganaderos el de la raza bovina, mucho es de temer que no llegue a cumplir sus promesas. Ya verán ustedes cómo va a tener que instituir la poligamia. Los nazis de las tropas de protección a los que tanto se cuida el *pedigree* parecen ser los indicados para cumplir esta misión reproductora.

El triste destino de las madres alemanas

Las tres kas, *Küche, Kirche, Kinder* —es decir, la cocina, la iglesia y los hijos—, son todo el programa feminista del nacionalsocialismo. Las mujeres alemanas no pueden llamarse a engaño.

No hay una sola alusión a los derechos de la mujer en todo el programa oficial del partido. La patria alemana van a hacerla los hombres solos. De las mujeres —dicen— sólo queremos los hijos.

Y, en efecto, desde que se encargó del poder, Hitler ha ido mandando a sus casas a numerosas e importantes funcionarias que hace unos años jugaban un gran papel en la política y la administración. Las mujeres ya no cuentan.

Es posible que más adelante, cuando pase el tiempo sin que se convierta en realidad esta esperanza que hoy tienen las mujeres de que la vuelta al hogar va a dulcificar y mejorar su existencia, Hitler tropiece con la enemistad del feminismo, pero de momento, todas las mujeres están a su lado. Todas no; seamos exactos; si hay algo en Alemania capaz de resistir al *Führer* son algunos sindicatos femeninos de obreras y empleadas que, por las señales que han dado, no se avienen tan dócilmente como los varones a que se cumpla la voluntad del amo. Creer, sin embargo, que estas débiles resistencias pueden tener alguna importancia política es hacerse ilusiones.

No; el problema, el pavoroso problema de la mujer, se planteará en Alemania más adelante. Cuando Alemania acababa de perder la guerra, las infelices mujeres alemanas, que veían sus hogares deshechos, arruinada su dicha familiar, agotado su patrimonio y socavados los cimientos de su moral, se lanzaron a una nueva vida heroica de intervención en los asuntos públicos, de trabajo en las fábricas, de lucha en las oficinas, de aventura e inseguridad. Con esa sorprendente capacidad de adaptación que tienen las mujeres, las que hasta entonces habían sido entusiastas conservadoras de las tradiciones germánicas más puras, aquellas mujeres de clase media recatadas y honestas, y aquellas campesinas de costumbres y trajes patriarcales, al verse lanzadas al torbellino de la postguerra se improvisaron una vida nueva sin raigambre, sin el apoyo de la moral tradicional, sin base sólida de subsistencia, vinculada a las angustiosas necesidades del momento, de un vivir puramente instantaneísta que desdeñaba el pasado —demasiado triste— y el porvenir —demasiado incierto—. Se trabajaba furiosamente para gastar inmediatamente lo ganado; hombres y mujeres se entregaban exclusivamente al afán de cada hora, y no había más preocupación que la de arrancar, a costa de lo que fuese, los marcos necesarios para la satisfacción de los instintos en cada momento. Así ha ido rehaciéndose Alemania; esta es la base de la pujante nación de hoy.

Pero ha llegado el momento en que las mujeres, las más débiles, las que han llevado la peor parte, no pueden más. Extenuadas, batidas constantemente en esta lucha desigual del arroyo, han oído las palabras del *Führer*, que predica «la vuelta al hogar», como una voz celestial.

—¿Será verdad? —preguntan ilusionadas—. ¿Volveremos al gran tiempo? ¿Tendremos un hogar y unos hijos?

No se han parado todavía a pensar que lo que ellas llaman «el gran tiempo» fueron los años anteriores a 1914, cuando se iba incubando la guerra; ni siquiera han pensado que cuando se les piden hijos es porque se espera el momento en que sean necesarios.

Muchos, muchísimos hijos de madres alemanas va a necesitar el *Führer*. Todos serán pocos.

LA VIDA COTIDIANA; USOS Y COSTUMBRES
Ahora, 25 de mayo de 1933

La fauna berlinesa.

Una tropa de hombres de negocios de tipo cosmopolita, encuadrada por capitanes de industria judíos y flanqueada por toda la fauna de arribistas que produjo la postguerra, ha dado el tono a la vida berlinesa desde 1918 hasta la llegada de Hitler. Desde el bar del Hotel Adlon hasta la terraza del Eden Hotel —¿conocen ustedes la película *Grand Hotel?*—, una corriente de humanidad, sedienta de poder y de goce, que se lanzaba heroicamente a la especulación y al derroche, ha ido preparando el resurgimiento de Alemania, elaborado a fuerza de despojos feroces en una lucha espantosa en la que triunfaban los aventureros más audaces en la conquista del dinero y los más valientes en el despilfarro.

Cuando ya Alemania ha vuelto a sentirse fuerte —a pesar de la crisis y de los seis millones de parados—, gracias al esfuerzo pavoroso de estos hombres sin escrúpulos que sucumbían víctimas de la fiebre de los negocios y del afán sensual de gozar del dinero tan duramente adquirido, han aparecido los nazis con sus camisas pardas, diciendo: «Hay que moralizar todo esto». Y, para moralizarlo, han empezado por quitarles la cartera a estos judíos inmorales.

Los nuevos amos plantaron primero sus reales en el Hotel Kaiserhof. Desde allí fueron extendiendo su garra imperial por el centro de Berlín; la Unter den Linden y la Potsdamer Platz fueron poco a poco poblándose de caras duras y mandíbulas apretadas, que se movían bajo el signo de la esvástica de los arios; empezaron a cruzar las calles unos camiones cargados de camisas pardas que iban no se sabía adónde; de cuando en cuando dos nazis se acercaban a un caballero de ojos negros y manos largas y le invitaban secamente a que les acompañase; otras veces se veía formarse un pequeño revuelo en la acera de enfrente —¡las calles berlinesas son tan anchas!— y se sabía vagamente que unos transeúntes estaban golpeando a otro. Nada más.

La fauna berlinesa se atemorizaba; perdió el control del barrio de los ministerios y fue replegándose hacia Charlottenburg, donde todavía hay unos hoteles Kempinski repletos de hombres de negocios que pagan cincuenta marcos por una cena al tiempo que besan la mano ceremoniosamente a una cortesana prodigiosamente estilizada, y un Romanisches Café donde, en la madrugada, aún se ven unos tipos agudos de arbitristas y unos sujetos con aire de sonámbulos, a los que identifica ese color cetrino y ese aspecto feble del intelectual de oficio.

Pero por poco tiempo. Por la calle Tauentzien avanzan, cada vez más arrogantes, los hombres de Hitler con sus altas botas ferradas y sus camisas pardas. Y la gente que daba el tono a Berlín cada vez va encogiéndose y disimulándose más y más. Pronto no quedará ninguno.

La miseria

En Berlín —sólo en Berlín— hay medio millón de parados; de ellos, ciento treinta y siete mil son mujeres. Los oficinistas berlineses sin empleo son unos setenta mil. La miseria es, sin embargo, difícilmente perceptible, porque todos, absolutamente todos, a costa de los sacrificios que haya que hacer, van vestidos con cierta decencia. Frecuentemente le tiende a uno la mano en una esquina un hombre positivamente mejor vestido que uno; y, a veces, hasta con cierta elegancia. El tipo astroso y repugnante del mendigo meridional —español o italiano— es desconocido. No he visto a nadie descalzo en toda Alemania.

Los innecesarios

Ahora que llega el buen tiempo, la situación mejora notablemente, porque hay muchos millares de berlineses declarados innecesarios que se van a vivir la vida del hombre primitivo en medio de los campos. Unas arpilleras y unos palos resuelven el problema de la vivienda; el de la manutención, mal o bien, se resuelve con el subsidio de paro. Así surgen durante el verano esas «ciudades de lona», en las que vuelven al estado de naturaleza unos millares de berlineses que no tienen nada que hacer, yendo de un lado para otro en Berlín y gastándose en tranvías y autobuses el dinero que no poseen. Mediante el pago de dos marcos y medio por la temporada, los ayuntamientos de Berlín y Potsdam ceden el terreno necesario para que estos desgraciados levanten sus tiendas de campaña. Ellos mismos se lo hacen todo. Eliminados por superfluos de la urbe civilizada, se las ingenian para pasarse sin los beneficios de la civilización; en las «ciudades de lona» no son necesarios los trajes, ni los taxis, ni los ascensores, ni los teatros, ni los cafés, ni ninguna de esas exigencias de la vida civilizada que a tan dura costa se consiguen. Cada cual busca el emplazamiento que más le agrada para su casa de lona, y a tomar el sol; ellos mismos, con el sentido innato de la autoridad que tienen todos los alemanes, se organizan en *Vereine*[1] o concejos, a los que compete mantener el orden y hacer cumplir las ordenanzas —bastante severas— que voluntariamente se imponen.

Y así tiran desde junio hasta octubre.

Administración de la paternidad

En Berlín había unos titulados «consejeros matrimoniales», cuyos gabinetes de consulta se habían visto concurridísimos en los últimos tiempos. Estos «consejeros matrimoniales» surgieron hace cinco o seis años, cuando empezó a hablarse de que iba a ser exigido legalmente el certificado sanitario prenupcial, y sus clientes eran no sólo los novios que querían saber si tenían algún impedimento fisiológico para contraer matrimonio, sino los casados viejos, a los que la crisis planteaba el caso de conciencia de las prácticas malthusianas. En una palabra: los «consejeros matrimoniales» lo que hacían era poner en práctica el malthusianismo por medio de la divulgación de los medios preventivos o bien favoreciendo la ejecución del aborto. Hace unos días, los nazis han suprimido de raíz los «consejeros matrimoniales». No porque el racismo considere criminal la limitación de los natalicios, sino porque, a lo que parece, pretende ad-

1. Asociaciones.

ministrarla. Hay, en efecto, algunas personalidades científicas del nacionalsocialismo que preconizan la esterilización; recientemente, el doctor Ostermann la ha defendido, diciendo que no hay ningún peligro en practicarla. Lo que los nazis pretenden es que no sea el individuo, según su individual capricho, el que decida si va a tener hijos o no; ésta es una facultad que incumbe al Estado, el cual dirá a uno: «Tú, ario puro, a tener hijos»; y al otro: «Tú, semita indeseable, no los tendrás de ninguna manera, porque te esterilizaré, quieras o no».

Demografía

Porque, a pesar de la fecundidad germana, el número de natalicios había decrecido considerablemente; el año pasado hubo en Prusia 178 000 natalicios más que defunciones; pero el año anterior había habido 193 000 más; hace tres años, 258 000, y en 1925, los natalicios superaron las defunciones en 345 000. Los matrimonios iban también en baja; en 1932 hubo tres mil menos que en 1931.

Por todo esto, Hitler ahora y antes Von Papen se propusieron moralizar las costumbres a golpe de decreto. Se ha organizado una verdadera persecución de la propaganda anticoncepcionista; se han cerrado todos los cabarets perniciosos, y se ha llegado incluso a la supresión de aquellos tangos que por su letra o por su cadencia pueden contribuir a la relajación de las costumbres; en cambio, se está provocando artificialmente la resurrección del vals. Los que quieran oír música de negros tienen que buscar en sus aparatos radiorreceptores las ondas de París o de Londres. Es exactamente lo mismo que hacen los bolcheviques. Sólo en Moscú he visto un celo moralizador equivalente.

Ahora se trata de convencer a los jóvenes matrimonios de que aplicarse a mejorar las estadísticas demográficas es más barato que ir al cine. Y más entretenido.

Un poco de ropa

A los nazis no les divierten demasiado los desnudistas. El desnudista suele ser un tipo que cae en una órbita de preocupaciones nada gratas al hitlerismo; es esa línea ideológica que va del naturismo al internacionalismo y el pacifismo; el hombre que prescinde de la ropa suele tener algo de socialista, pacifista, vegetariano y, acaso, acaso, esperantista. No, no; los nazis no están para monsergas de este tipo; para ser revolucionarios no hay que quitarse tanta ropa; basta con prescindir de la chaqueta y quedarse en camisa parda. Creo, pues, que terminarán dando la batalla a los millares de desnudistas que hoy pueblan gozosos los bosques de Alemania. Y va a ser un conflicto; porque de todas las libertades que los nazis puedan conculcar, acaso la que más sientan perder los alemanes sea ésta de poder quedarse en cueros vivos cuando se les antoja.

Boxeadores y duelistas

Los nazis se proponen intensificar la cultura deportiva del pueblo; sobre todo, el boxeo. Se asegura que en el próximo presupuesto figurarán muchos cientos de miles de marcos a disposición de los promotores profesionales del boxeo, para que organicen sensacionales encuentros; se van a dar clases obligatorias de boxeo para los soldados y para los alumnos de todas las escuelas y todas las universidades;

los viejos boxeadores retirados serán movilizados como profesores, y se organizarán constantemente campeonatos interescolares o interuniversitarios.

Simultáneamente, ha reaparecido entre los estudiantes el gusto antiguo por los desafíos. Vuelven a verse por las calles de las ciudades universitarias alemanas jóvenes petulantes con la cara cortada. «Los duelos —dicen— forman parte de nuestra educación, elevan nuestra alma y nos inoculan la fuerza del carácter, el coraje y el patriotismo».

Contra los explotadores

Empiezan a subir los precios. Los nazis sostienen que estas subidas son artificiales y están provocadas por los explotadores del pueblo. En Múnich han sido detenidos recientemente doscientos comerciantes, a los que se les han cerrado las tiendas y se les ha colgado este letrerito: «Cerrado por precios ilícitos. El dueño de esta tienda está en el campamento de concentración de prisioneros de Dachau».

Revolución

En medio de todo esto, la gente tiene un aire grave y un gesto duro. Se está haciendo una revolución. Seguramente los reaccionarios españoles se imaginan a estos jóvenes nazis como unos muchachos alocados que hacen barbaridades provechosas —algo así como nuestros señoritos—, pero se espantarían si viesen el sentido demagógico que tienen estas huestes juveniles de Hitler. El nacionalsocialismo es, indudablemente, un movimiento reaccionario, pero no como se lo imaginan los reaccionarios españoles. Hablad a un joven nazi de las buenas cualidades de sus mayores, y veréis qué infinito desprecio siente por ellos, cómo los odia. ¿El pasado? Un tejido de errores. ¿El káiser Guillermo II? Un viejo cobardón que le tenía miedo a la guerra...

* * *

—Hemos venido —ha dicho Hitler—, porque desde el armisticio habían tenido que suicidarse doscientos veinticuatro mil novecientos alemanes.

LA EXTIRPACIÓN METÓDICA
DE LOS JUDÍOS
Ahora, 26 de mayo de 1933

Sin folletines

¿Asesinatos de judíos? ¿Atrocidades de que han sido víctimas? ¿Casos espantosos de crueldad? Desde hace dos meses, la prensa mundial está llena de relatos terribles, algunos con bastantes indicios de exactitud. Pero no hay manera de demostrar nada de esto, y como honradamente no puedo aportar ningún testimonio personal, ni quiero caer en las rectificaciones de la *Greuelpropaganda* (propaganda contra las atrocidades, o, mejor dicho, contrapropaganda de las atrocidades) que han tenido que montar los nazis para hacer frente a la protesta del mundo civilizado, prescindo de los relatos circunstanciados de crímenes atribuidos a los nazis, que hoy andan por el mundo al alcance de cualquier pluma. Se calcula que, en toda la aglomeración urbana de Berlín, los judíos muertos violentamente estos días son unos quince en total; pero repito que esta cifra me parece arbitraria y que no habría nunca manera de probar su exactitud. Si se tiene, además, en cuenta que los judíos de Berlín son cerca de doscientos mil, estos crímenes, caso de ser ciertos, carecen de importancia numérica. En una urbe de la densidad de Berlín, y dadas las proporciones de su criminalidad, los quince judíos muertos a mano airada no tienen ninguna trascendencia social y pueden ser fácilmente absorbidos por esa masa que forman las víctimas de crímenes obscuros y accidentes confusos, que ni siquiera merecen tres líneas en la reseña diaria de los sucesos locales.

Hay, además, por parte de los mismos judíos, el deliberado propósito de no escandalizar al mundo con estos relatos terribles; la verdad ellos y los nazis la saben; pero ellos tienen acaso más cuidado que los nazis en no divulgar ciertas cosas; han sido precisamente los mismos judíos alemanes los que se han dirigido a sus hermanos de raza que se hallan en el extranjero, desmintiendo todas las atrocidades divulgadas y pidiéndoles que no protesten, que no escandalicen. «No conseguiríais —dicen— más que agravar nuestra situación». El domingo se publicaban en *Ahora* unas palabras del ministro Goebbels que, contestando a una pregunta mía, explicaban con claridad meridiana la situación: «A las organizaciones israelitas alemanas —decía impasible el lugarteniente de Hitler— no ha de serles difícil lograr que sus hermanos de raza emigrados se abstengan de toda agitación y de toda injerencia en los asuntos internos de Alemania, con lo cual prestarán un servicio a los judíos que en Alemania residen. El boicot de defensa contra los judíos, puesto en práctica por nosotros hace algún tiempo, nos demostró que este género de presión es perfectamente posible. En adelante seguiremos manteniendo el principio de que los judíos residentes en Alemania tienen obligación de evitar que el país donde viven sea difamado».

Hemos vuelto al régimen medieval de los rehenes.

El terror gris

A pesar de todo, en esto de las atrocidades cometidas con los judíos creo que entra por mucho la fantasía folletinesca. Lo verdaderamente serio e importante no es el relato espeluznante de un crimen o de quince crímenes, sino la implacable línea de conducta seguida por un régimen como el nacionalsocialista contra una masa de ciudadanos que, según las estadísticas, pasan de setecientos mil. Hitler va positivamente a cumplir desde el poder sus promesas de «extirpación» de los judíos. Conste que esta palabra «extirpación» es suya. El judío residente en Alemania se encuentra hoy absolutamente bloqueado; la vida se le hace materialmente imposible. La ley del 7 de abril le ha expulsado de todos los empleos oficiales, y téngase en cuenta que no se trata sólo de los puestos que dependen del Gobierno, sino de todas las corporaciones y empresas en las que el Estado participa. Es decir, que, por ejemplo, el judío no tiene ni siquiera derecho a ser guardagujas. Sus hijos no son admitidos en las universidades ni en las escuelas superiores más que en una proporción del uno por ciento de los alumnos. De tres mil abogados judíos que había en Berlín, han sido excluidos mil trescientos; sólo se les ha consentido seguir ejerciendo a los que hicieron la guerra o a los que perdieron al padre o algún hijo en el frente. La inmensa mayoría de los empleados judíos de casas particulares han sido despedidos con un mes de indemnización. Los municipios han retirado todas las subvenciones que daban a los hospitales y centros de beneficencia judíos. Los profesores de universidad han sido expulsados de las aulas por sus propios discípulos. Los pequeños comerciantes sufrirán ya siempre las consecuencias del día del boicot, porque los clientes se van ahora a comprarle al tendero o al panadero netamente alemán. Los grandes almacenes están bajo la intervención de los representantes del racismo designados con arreglo a la ley de control sobre las industrias que ha impuesto Hitler. Los dueños de las grandes empresas periodísticas y editoriales, Ullstein y Mosse, por ejemplo, han tenido que cederlas a los nazis, que han renovado casi totalmente el personal de sus redacciones. Rudolf Mosse recibirá por toda indemnización la suma de cien mil marcos al año, de los cuales tiene el deber de invertir una parte considerable en beneficencia y el resto ha de gastarlo forzosamente en Alemania. No; no es que a los judíos les corten las orejas ni les arranquen los pelos; es, sencillamente, que les van suprimiendo los medios de vida. Hasta que sucumban. Cito sólo los casos de persecución comprobables fácilmente, por haberse hecho públicos autorizadamente o porque dimanan de resoluciones de gobierno. Todas estas medidas —que en opinión de algún propagandista nazi son todavía suaves, muy suaves— no pueden causar impresión a los que conozcan el credo del nacionalsocialismo, uno de cuyos fundamentos es esta extirpación radical del judío. ¿Es que no iban a cumplir su programa?

Lo que realmente sorprende es que a una masa humana de setecientas mil almas, a la que se somete a esta presión formidable, no se le da salida alguna. Porque el gobierno alemán, temeroso de las consecuencias económicas que pudiera tener la huida general de los judíos al extranjero llevándose sus bienes, ha echado la llave a la frontera. A los judíos que quieren marcharse se les exige un visado especial, que puede ser —y es—, con diversos pretextos, frecuentemente negado. No se deja sacar de Alemania más que doscientos marcos por persona, y sólo con esta medida la emigración es prácticamente imposible en una época de crisis y congestión como ésta que atraviesa Europa.

Reivindicación

Vamos nada menos que a reivindicar a los Reyes Católicos. Cuando les molestaron los judíos, no se anduvieron en contemplaciones y los expulsaron. Con el decreto de expulsión de los judíos, España sufrió un grave quebranto; pero la catolicidad de sus reyes exigía esta amputación dolorosa. Ahora bien, si los Reyes Católicos, en vez de católicos hubiesen sido arios, y en vez de la cruz hubiesen llevado en su pendón la esvástica, habrían encontrado un arbitrio menos heroico y más beneficioso que sólo su catolicidad les vedaba. No habrían expulsado a los judíos, no. La expulsión ocasionaba un daño demasiado grave a la economía general del país. Hubiesen hecho algo más sencillo; no los hubiesen dejado vivir y no los hubiesen dejado marcharse. La barbarie medieval no permitió entonces el alumbramiento de esta fórmula genial del racismo, que estaba reservada a la mayor gloria del siglo xx.

Quiénes son arios y quiénes son judíos

La raza de los arios aparece sobre el haz de la tierra hacia 1830; hace aproximadamente un siglo; antes de esa fecha, las razas no estaban diferenciadas, y la Humanidad vivía en el caos. Esto es lo que se deduce de las normas puestas en vigor por Hitler para saber cuáles son los alemanes puros y cuáles los judíos. Son arios puros aquéllos que puedan presentar las partidas de bautismo de sus cuatro abuelos; un solo abuelo no bautizado convierte a un alemán en semita, y, en cambio, una pura ascendencia judía de veinte siglos y la conversión final al cristianismo de los cuatro abuelos sirven para trocar al más legítimo hijo de Israel en ario purísimo, dotado de todas las nobles virtudes de la raza nórdica.

¿Es un poco grotesco, verdad? Pues con este concepto de la raza aria, diferenciada de las demás hace cien años —cuando pudieron bautizarse o dejar de hacerlo los cuatro abuelos del ciudadano alemán—, está haciendo Hitler la división de sus súbditos en ciudadanos que tienen derecho a la vida y ciudadanos que deben morirse; porque no tendrán más remedio que morirse.

Los que querían venir a España

De los diez millones de judíos que, según los cálculos, hay en Europa, la undécima parte eran alemanes. Ahora tendrán que repartirse por las demás naciones, agravando el problema particular de paro que tiene cada una. Claro es que no todos los judíos alemanes podrán emigrar; a los que tienen dinero, Hitler no los deja salir tan fácilmente; la inmensa mayoría de los otros tendrá que quedarse, como sea, porque Europa no está hoy para permitir que vayan de un lado para otro hombres que sólo sirven para agravar el problema de los «sin trabajo». Así y todo, en las primeras semanas del régimen nacionalsocialista salieron para Polonia unos diez mil judíos alemanes; en un solo día se fueron a Checoeslovaquia tres mil; por el Consulado de Francia en Berlín pasan diariamente doscientos o trescientos judíos; Inglaterra no admite ya más que a los que lleven dinero; España...

Durante todo el mes de abril, nuestro Consulado en Berlín estuvo sitiado por los millares de judíos que querían venir a vivir a España. Se había difundido el rumor de que necesitábamos judíos. Un periódico alemán publicó incluso la noticia de que el gobierno español necesitaba trescientos mil judíos, a los que pagaría el viaje —en segunda clase— y los gastos de hospedaje durante dos meses, a más de facilitarles los medios para que montasen fábricas e industrias en nuestro territorio.

Acudieron como moscas. Nuestro cónsul, asediado por aquella muchedumbre de desesperados, que veían el cielo abierto, no sabía cómo quitárselos de encima. A la puerta del Consulado tuvo que fijar un aviso que decía: «Emigrantes, leed. Todos los rumores que han circulado sobre supuestas facilidades o preferencias del Gobierno español para establecerse en España y sobre concesiones de terrenos para su colonización, así como sobre viajes gratuitos y demás ventajas, son completamente fantásticos. En España hay también falta de trabajo, y se dejan sentir, como en todo el mundo, los efectos de la crisis».

Llegaban, leían aquello y no se convencían. Subían todavía a plantear su caso al cónsul, plenamente convencidos de que en España eran necesarios. Muchos preguntaban cuál era la consideración de que disfrutarían en España, y al decírseles que sencillamente la de extranjeros, se maravillaban. Entonces, algunos exhibían su castellano del siglo XV y sus apellidos de indudable origen español; he visto allí a un David Marco, un Alcalai, un Alfandari y un Ben Usiglio incuestionablemente españoles.

Ha habido algunos tan pintorescos que se presentaban pidiendo poco menos que las llaves de su casa de Toledo o Granada. Estos sefarditas eran los menos; muchos eran alemanes, y en su inmensa mayoría, del Este, polacos.

Mezclados con los judíos, iban también nutridos grupos de comunistas típicamente alemanes, ucranianos y rusos con pasaporte Nansen que desde hace muchos años residían en Alemania. El gobierno español restableció inmediatamente el visado y ha podido hacer así una razonable selección. Prudente e inevitable medida.

Se presentaron muchos casos curiosos. Hombres de negocios que proyectaban instalar formidables hoteles en Palma de Mallorca; dueños de establecimientos de modas que querían trasladar sus negocios a Barcelona; una gran empresa dedicada a la fabricación de óptica de precisión que quería montar su industria en Madrid, y así varias docenas. Hubo también algunos que, con esa suavidad de modales del judío, planteaban en seguida el problema de la exportación clandestina de capitales; como cosa hacedera y dentro perfectamente de la moral al uso, pretendían que los representantes oficiales de España les ayudasen a sacar el dinero de Alemania burlando las restricciones de Hitler.

—Yo tengo un millón de marcos —decía uno acariciando su barbita— y lo depositaría aquí, en el Consulado, para que me lo entregasen ustedes en Madrid, si la comisión que me cobrasen no fuese muy crecida...

Apóstrofe

El judío está tan aterrorizado que se allana a todo y, pasando por las más humillantes vejaciones, sólo pide que le dejen el derecho a vivir. No he oído en mi vida un apóstrofe tan patético como el de ese intelectual judío que días atrás clamaba dirigiéndose a los nazis:

—Haced con nosotros lo que queráis, pero dejadnos vivir a costa de lo que sea. Las últimas experiencias científicas han demostrado que a un perro se le puede extraer impunemente hasta la última gota de su sangre para volver a llenar sus venas con sangre de otro perro de casta distinta; hacedlo así con nosotros, si no queréis que tengamos sangre judía; pero dejadnos vivir. O dejadnos marchar.

LA LUCHA POLÍTICA
Y LA REPRESIÓN POLICÍACA
Ahora, 27 de mayo de 1933

Los nazis habían venido diciendo que el día que triunfasen iban a hacer y acontecer, que se iban a tragar el mundo, que del régimen anterior no quedaría piedra sobre piedra, que harían una degollina general. El mismo Goebbels, en sus encendidas propagandas, hablaba con tono apocalíptico de una simbólica «noche de los grandes cuchillos» (*«langen Messer»*), en la que el furor revolucionario de los nazis iba a hacer surgir la nueva Alemania de un verdadero mar de sangre. No creo que haya habido nadie en el mundo que haya amenazado tanto como estos hombres de la camisa parda.

Cuando Hitler tuvo el poder en las manos, sus tropas se lanzaron, efectivamente, sobre el país como un ejército invasor de la Edad Media; no se han quedado cortos; han hecho bastantes barbaridades; muchas menos, claro está, de las que prometían, pero desde luego todas las que eran factibles. Lo sorprendente es que, ahora, cuando se les apuntan en la cuenta de su programa como facturas saldadas las barbaridades ya cometidas, se enojan y dicen que se les hace víctimas de una campaña de difamación. Tengo la evidencia de que todos los hechos que he venido consignando en este reportaje son auténticos y creo que ningún nazi se avergonzaría de haberlos realizado. ¿De qué se enojan, entonces? De la interpretación; es, sencillamente, que lo que nosotros llamamos barbaridades para ellos no lo son. El nacionalsocialismo ha ido orgullosamente a buscar sus fuerzas motoras en unos resortes medievales y aun en ciertas fuentes primitivas de energía. A eso nosotros lo llamamos barbarie, aunque ellos lo llamen de otro modo; surge aquí la misma diferencia de apreciación —ya señalada— que nos hace llamar «invasión de los bárbaros» a lo que ellos llaman «migración de los pueblos».

Por esta diferencia sustancial de apreciación que hay fatalmente entre un latino y un germano, si decimos que la población alemana vive hoy bajo un régimen de terror policíaco, diremos verdad; pero los alemanes dirán que no somos exactos. Hay, en efecto, millares y millares de detenidos; hombres a los que se arranca de sus casas y se mete en prisión sin más causa que la de tener unas ideas distintas de las que tienen los que mandan. Se han instalado varios campamentos de concentración de prisioneros, y todos los días salta a la vista del viajero en las calles de las ciudades alemanas el trajín de los camiones policíacos llevando y trayendo presos políticos de un lado para otro. Ahora bien, esto, que para nosotros es la barbarie, el terror policíaco, para los nazis es sencillamente una operación social necesaria y urgente que practican filantrópicamente. Estos hombres, a los que se priva de libertad y se mete en un campamento a comer rancho, son tan sólo como unos enfermos a los que se recluye piadosamente en unos sanatorios para favorecer su curación.

No he conseguido que me dejasen visitar ningún campamento de concentración de prisioneros, pero hablando con algunos sujetos que los han padecido, he llegado a obtener referencias bastante precisas. Se trata pura y simplemente de cuarteles o campamentos militares, en los que se aplica inflexiblemente la disciplina de hierro del ejército imperial. Los alemanes creen que la disciplina militar es una especie de suma y compendio de todas las virtudes cardinales. Y a todos los disconformes con el régimen —un régimen que debe su triunfo a unas elecciones, no se olvide— los someten a este tratamiento intensivo de disciplina militar, con la esperanza de que así, moviéndose a toque de corneta y marcando el paso, se curarán de sus errores. ¡Y lo maravilloso es que se curan! Pocos, muy pocos, serán los comunistas, socialistas o liberales alemanes que resistan unas semanas de vida militar a la prusiana sin encontrarse al cabo sumados, aun contra su propósito, a esa moral regimental que los alemanes llaman «espíritu del frente». Tengo la sospecha de que si a la masa rebelde española se la sometiese a este tratamiento, la inmensa mayoría de los así tratados acabarían por suicidarse o se estrellarían desesperados contra los fusiles de los guardianes y las alambradas de espino con corriente eléctrica de cuatrocientos voltios que los alemanes ponen a sus campamentos de prisioneros. También en Alemania hay tipos así; pero sospecho que ya quedan pocos. La ley de fugas no es exclusivamente celtíbera.

Los prisioneros de los campamentos se levantan a las cinco y media de la mañana, y a las siete y media se ponen obligatoriamente a trabajar, a las voces de mando de sus cabos de vara; trabajan hasta las doce; a esa hora se les sirve el rancho y luego se les deja un par de horas entregados a la predicación de unos instructores nazis, que van poco a poco «reformándoles»; se tiene en estos campamentos el cuidado de alejar de los simples militantes políticos a sus jefes, prisioneros también, para que éstos no continúen sus propagandas entre los detenidos. A media tarde, los reclusos pasan a hacer gimnasia, es decir, la instrucción militar, y a las nueve de la noche suena el toque de silencio. La vida de estos reclusos es, pues, bastante activa; además de estas obligaciones comunes, cada uno tiene el deber de hacer su cama, lavar su ropa e ir a buscar su comida.

Nótese la absoluta semejanza que hay entre el régimen a que están sometidos los prisioneros y el que existe en los campamentos de concentración de trabajadores voluntarios de que hablábamos días atrás. La única diferencia que hay —aparte de la relativa voluntariedad— es que al trabajador voluntario el Reich le da unos céntimos de jornal, y al preso se los cobra; si puede, claro es. Hace pocos días se ha dispuesto que todos los detenidos gubernativos que ingresan en las cárceles paguen un canon de un marco cincuenta diario. Es más: cuando se detiene a un ciudadano y se le conduce, aunque no sea más que por un par de horas, a una oficina de Policía para prestar declaración, tiene el deber de pagar cuarenta *pfennigs* por lo que los nazis llaman «derecho de asiento». Tener a tanta gente en la cárcel es caro, y Alemania no puede permitirse dispendios.

El gran inquisidor: el pueblo

La imaginación meridional tiende a representarse este terror policíaco melodramáticamente; es decir, a base de unas cuadrillas de carceleros criminales que, después de atormentar a sus víctimas con crueldades refinadas, les dan muerte en medio de horribles sufrimientos, para cumplir los designios de un tirano. Así se inventó aquella leyenda de la muerte de Thälmann,[1] que tan eficazmente sirvió a los nazis para desvirtuar las acusaciones que se les hacían. Me atrevería a afirmar que en ninguna cárcel alemana, ni en los campamentos de prisioneros, ni en las oficinas de Policía, ocurren tales cosas. Es más: creo que no hay un solo funcionario del Reich capaz de responder a esta estampa clásica del esbirro.

En cambio, es difícil para nosotros imaginarnos la verdadera forma de la persecución política que se está dando en Alemania. No se trata de unos ejecutores viles y asalariados que cumplen unas sentencias secretas; se trata de un formidable movimiento de odio popular desencadenado por las predicaciones de los líderes nacionalsocialistas que lleva a las masas a cometer verdaderos crímenes; el comunista o el judío no tienen que temer tanto a los polizontes como a sus propios vecinos de cuarto, a sus compañeros de trabajo, a los transeúntes, a toda esa masa popular que súbitamente ha descubierto en los marxistas y los judíos la causa de todas sus desdichas y se precipita sobre ellos dispuesta a despedazarlos.

Pensad por un momento que el 14 de abril la muchedumbre que vitoreaba a la República en el techo de los tranvías y las camionetas se hubiese acordado de que tenía que vengar muchas catástrofes nacionales en las personas de los monárquicos, y en vez de irse a estropear la Casa de Campo y después a trabajar humildemente, se hubiese consagrado con verdadero encono a buscar inquisitorialmente a los que ella creía culpables de las desdichas nacio-

---

1. Ernst Thälmann (1886-1944), dirigente del Partido Comunista alemán y candidato en las elecciones presidenciales de 1932, había sido arrestado por la Gestapo en marzo de 1933. Tras 11 años de confinamiento, fue fusilado en Buchenwald en 1944.

nales y a denunciarlos a la Policía o bien a tomarse la justicia por su mano. Imaginad que esta animosidad de la multitud, que aquí se deshizo como la espuma en veinticuatro horas, se hubiese encontrado alimentada y sostenida por una propaganda tenaz e inteligente, y se comprenderá que en estos momentos el marxista o el judío alemán tiemblen de pavor justificadamente, sin que sea realmente el Estado el que les amenaza. Es una caza implacable del hombre por el hombre; son los mismos vecinos de las casas los que delatan al judío o al comunista, los que le acechan por la noche y le acometen a palos y puñaladas hasta dejarle exánime; los que suben a su cuarto y destrozan su hogar. Son los mismos compañeros de trabajo los que plantean a la empresa la necesidad de dejar sin comer al que está contaminado de ideas políticas o sociales contrarias al racismo. Se ha dado el caso de declararse huelgas en varias casas importantes de Berlín porque la dirección se resistía a despedir a los judíos. Frente a esta coacción social, frente al odio de una mayoría dispuesta a destrozar a una minoría vencida, no hay lucha posible. Todos los adversarios del nacionalsocialismo han sucumbido. Después de unas semanas de angustia, ventean hoy como una esperanza de salvación el que se les consienta hacer abjuración de su fe pasada y el que se les deje tiempo suficiente para ponerse a contraer méritos a las órdenes del *Führer*. La presión de una masa de humanidad, lanzada en una dirección favorable a sus instintos de odio y venganza, es mucho más eficaz que todos los aparatos policíacos. Hitler mismo ha tenido que contener a sus gentes. Todos los días se dictan decretos e instrucciones recordando que sólo los agentes de Policía tienen derecho a practicar detenciones y sólo los jueces pueden decretar registros; que los actos arbitrarios de los nazis serán castigados con la cárcel; que las personas no deben ser molestadas, etc., etc. Como caso curioso, citaré que en los grandes almacenes Werthein, de Berlín, se presentaron los nazis reclamando que fuesen despedidos todos los empleados judíos; la dirección de los almacenes dijo que lo haría cuando trajesen una orden del Gobierno por escrito, y la orden no ha llegado aún. Finalmente, ante el gran número de «comisarios investidos de misiones especiales», que operaban sobre Alemania como sobre país conquistado, Göring ha dispuesto que no habrá más «comisarios» que los que el Gobierno de Prusia nombre. Y así, tarde y mal, los jefes nazis van frenando a las masas que ellos mismos lanzaron.

Los únicos enemigos

En pie, firmes en sus convicciones, no quedan en Alemania más que unos millares de obreros de la base, que no temen que los nazis vayan a quitarles su pedazo de pan, porque lo ganan con tan penoso esfuerzo que no valía la pena hacer una gran revolución para botín tan exiguo como el jornal de un minero. Los líderes se han entregado ya al nacionalsocialismo, han huido al extranjero, se han suicidado, como el jefe de la fracción comunista de la Dieta bávara, o están en la cárcel, como Thälmann, Torgler y tantos otros.

Los demás enemigos de Hitler andan por los caminos del mundo con un petate a la espalda y una mandolina apretada contra el pecho, en busca de la Libertad que el pueblo germánico ha creído superflua.

«ADOLFO I, EMPERADOR»
Ahora, 28 de mayo de 1933

¡Pobres monárquicos alemanes! ¡Infelices partidarios del káiser Guillermo II! ¡Tristes fieles de los Hohenzollern!

¡Catorce años trabajando y gastando dinero para esto! Catorce años consagrados heroicamente al culto de la idea monárquica con la esperanza de ver al desterrado en Doorn entrando triunfalmente por la Puerta de Brandeburgo, y, al fin y a la postre, esta mortal decepción. Alemania es monárquica; pero no habrá Hohenzollern; el pueblo alemán se ha convencido de que es incapaz de vivir sin rey, pero Guillermo II seguirá, indefinidamente, cortando troncos en su retiro de Holanda; la República se ha hundido, pero la dinastía no se ha restaurado.

De nada ha servido la sagaz política de los monárquicos fieles a Guillermo II, que durante catorce años han estado preparando esta resurrección triunfal de sus ideas que hoy debía ser su alegría y es su desesperación; de nada han valido todas aquellas concesiones a los políticos republicanos; de nada valieron todas las maniobras y todas las adulaciones; ni que el Káiser mendigara a sus primos de Inglaterra; ni que el *Kronprinz*[1] adulase a los magnates judíos en

1. El príncipe heredero, Guillermo de Prusia (1882-1951), primogénito del káiser Guillermo II.

los campos de tenis para fabricarse una popularidad; ni que los príncipes de Hohenzollern se enrolasen, disciplinados y humildes, en las huestes monarquizantes de los cascos de acero o del nacionalsocialismo. De nada ha valido.

Alemania es hoy monárquica; el pueblo alemán se ha convencido de que la monarquía es consustancial para él y de que no sabe vivir sin rey. Y, ante esta necesidad, se ha fabricado un rey a su medida, a su imagen y semejanza; un rey que ha pasado hambre y ha sido obrero sin trabajo y ha hecho la guerra en las trincheras, un rey con gabardina: Adolfo I, emperador.

Cómo se fabrica un emperador

¡Parece tan desmesurado! ¡Tan grotesco! Los alemanes no se atreven a plantearse el problema; creo que el mismo Hitler ni siquiera es capaz de ponerse a pensarlo; pero con un poco de imaginación, uno se figura a este «pintorcillo de puertas» —como le llamaba Stresemann—[2] sintiendo que se le va la cabeza tras el vértigo del Imperio. ¿Por qué no? Adolf Hitler será rey o no lo será; pero emperador lo es ya por derecho propio.

Todo hitleriano cree como en un dogma en el Imperio; la gran fuerza de Hitler ha sido la resurrección de los ideales imperialistas, latentes en el alma de los alemanes; el alemán, que en lo profundo de su alma es un ser libre, en sus relaciones con el mundo lo fía todo a la imposición de la fuerza, al Estado, al Imperio; el alemán deja al príncipe

2. Gustav Stresemann (1878-1929), fundador y dirigente del Partido Popular Alemán (DVP), canciller en 1923 y ministro de Asuntos Exteriores desde ese mismo año hasta su muerte.

el derecho recibido de Dios de manejar la espada y mandar; la República no rompió la armadura monárquica del Estado alemán. Durante catorce años, el alma alemana ha sido un alma en pena buscando al *Landesvater*, al padre de la patria. Hitler ha sabido captar en su provecho esta disposición ancestral del alemán a la obediencia y ha reconstruido el Imperio. ¿Para qué? ¿Para ir a llevárselo en bandeja de plata a ese viejo de Doorn? No; el pueblo alemán, consustancialmente monárquico, no quiere a Guillermo II; cuando los reyes caen como cayó él, por debilidad de carácter, por pusilanimidad, por falta de hombría, no se rehabilitan jamás. El alemán, en ese pacto que hace espiritualmente con su príncipe, tiene como base de su ciega supeditación un concepto patriarcal y democrático de la existencia; cada cual cumple su deber; el emperador, mandando; el soldado, obedeciendo. Si el emperador no sabe su oficio, si deserta, el alemán no volverá a obedecerle. Guillermo II demostró que era torpe y cobarde, que no sabía su oficio. Adolf, en cambio, está haciendo unas brillantes oposiciones al cargo vacante.

Nosotros nos sonreímos irónicamente cuando pensamos que, en estos días nuestros, sea posible fabricar reyes e inventar dinastías. Pero ¿es que en Alemania no se está viviendo hoy en plena Edad Media? ¿Es que no fueron las concepciones medievales —las mismas que Hitler maneja hoy— las que fabricaron a los reyes e inventaron las dinastías? En un país que viva una auténtica vida contemporánea, sería grotesco intentar la elaboración de un rey; pero cuando se trata de un país que vive espiritualmente en la Edad Media, la cosa es mucho más hacedera.

Adolf Hitler, el «pintorcillo de puertas», actúa hoy en Alemania como un auténtico emperador de un imperio que está creando él mismo; es posible que nunca se haga llamar emperador, pero dependerá exclusivamente de su voluntad imperial.

¿Y Hindenburg?[3] ¿Y Von Papen? ¿Y los barones? ¿Y los magnates de la industria?

Hindenburg

Voy a comunicarles una noticia sensacional. Hindenburg, el viejo mariscal Hindenburg, presidente del Reich, ha fallecido; esto lo saben todos los berlineses, y si se lo callan es porque Hitler les ha dicho que conviene guardar el secreto.

Desde que apareció el decreto que hacía innecesaria la firma de Hindenburg para la promulgación de las leyes, todo el mundo está convencido de que no hay tal mariscal. Murió. Esto es evidente.

Los berlineses, para despistar, cuentan una serie de anécdotas pintorescas del glorioso soldado. Dicen que recientemente, en una revista de las tropas de asalto nacionalsocialistas, el mariscal se volvió con aire distraído a uno de sus ayudantes y le preguntó con el tono más natural del mundo: «¿Cuántos prisioneros rusos hemos hecho hoy?». Otros refieren que días atrás preguntaba: «¿Habrá retreta militar esta noche?». Y como le contestaron negativamente, movió entristecido la cabeza y dijo: «Qué lástima! Cuando hay retretas con antorchas, Adolf me deja acostarme un poquito más tarde».

3. Paul von Hindenburg (1847-1934), militar, estadista y político alemán que, tras comandar al ejército durante la Primera Guerra Mundial, fue presidente del país en la República de Weimar y en el Tercer Reich, en concreto desde 1925 hasta su muerte en 1934. Tras su fallecimiento, Hitler adoptaría el título oficial de *Führer*.

Pero en fin, haya muerto o esté así, lo cierto es que un día no lejano Alemania se vestirá de luto por su glorioso mariscal. Ese día, lo más lógico es que el canciller Hitler sea proclamado regente del Imperio. Y ya está.

Von Papen

Von Papen —y al decir Von Papen decimos toda la aristocracia territorial de Alemania, todos los príncipes y todos los barones— no tenía ningún interés en que este tribuno de la plebe se convirtiese en el dueño absoluto de Alemania; en que, con títulos o sin títulos, personificase el Imperio. Y cuando Hindenburg le llamó para que combatiese a Hitler, Von Papen atacó a éste de una manera elegante, como atacan los verdaderos señores: ofreciéndole carteras de ministro. Pero Hitler rechazó el ataque. «O todo, o nada», dijo, y se puso a esperar a que llegase su hora.

Ahora que ha llegado, Hitler manda a Von Papen a Roma con misiones diplomáticas, como manda al ex *Kronprinz* a la sección de motoristas de una de sus tropas de asalto. Hay que reconocer al «pintorcillo de puertas» cierta discreción en esto de utilizar a los hombres para lo que verdaderamente pueden servir.

Hugenberg[4]

Hugenberg era un gran señor de la industria —la personificación de la fuerza ciclópea de la industria pesada alema-

4. Alfred Hugenberg (1865-1951), político y empresario alemán nacionalista y antisemita que había ayudado al ascenso de Adolf Hitler al poder.

na— cuando Hitler, licenciado del ejército, enfermo de los ojos a causa de los gases y obrero sin trabajo, fue presentado por su amigo Feder[5] en una tertulia de una *brasserie* de Múnich donde se reunían siete amigos, tan menesterosos como él, a los que preocupaban los problemas políticos y sociales de su país; estos siete amigos fueron el origen del Partido Nacionalsocialista. Cuando Hitler andaba a trastazos con los marxistas muniqueses y por toda arma de combate tenía un periodiquín de escasa tirada, el omnipotente Hugenberg era dueño del más formidable trust de prensa y cinematografía que se ha conocido en Europa, y todo lo que Hitler quería decir al pueblo alemán tenía que pasar por la censura de este hombre, cuyo ojo avizor gozaba el privilegio de ver los artículos y las películas antes que los demás alemanes.

Hoy, Hitler tiene en su mano todos los periódicos y todas las pantallas de proyecciones del Imperio, y cuando el formidable Hugenberg quiere decir algo al pueblo alemán, tiene que pasarlo por la censura de aquel tipo audaz de la *brasserie* Das Alte Rosenbad, de Múnich. ¿Por qué? Porque Hugenberg, con toda su fuerza económica, con todo su gran talento de organizador, no llegó a tener algo importantísimo que tiene Hitler y que es lo que diferencia al líder del jefe: la fantasía; la capacidad imaginativa suficiente para crear algo, para infundir en las masas un aliento nuevo. Hitler ha podido decir al pueblo alemán, verdad o mentira: «El nacionalsocialismo no es un partido más; es una *Weltanschauung*, una concepción del universo». Con esto, que bien puede ser un camelo, Hitler ha hecho un

5. Gottfried Feder (1883-1941), ingeniero y político, figura destacada del Partido Nacionalsocialista y miembro del Reichstag entre 1924 y 1936.

imperio, mientras Hugenberg, con toda su fuerza, no ha sabido más que hacerse odioso por su implacable servidumbre a los intereses capitalistas que le crearon y le dieron toda su fuerza. Hugenberg no cuenta hoy en Alemania, y Hitler es el *Führer.*

Seldte

Los cascos de acero, que habían hecho a lo largo de catorce años una maniobra de gran estilo para ir minando la República, después de haberse declarado republicanos —el segundo golpe a esta maniobra se está ensayando ahora en España—, cuando tocaban ya con las manos el ansiado triunfo de la restauración, se han encontrado con este obstáculo insuperable: Hitler.

Al principio se enfadaron y se liaron a trastazos con los nazis en las calles. Pero los nazis son más ágiles y más jóvenes que los cascos de acero; se zurran con mucho mejor aire. Los cascos de acero no han tenido más remedio que pactar y someterse. Su jefe, Seldte, se ha convertido en un ministro más a las órdenes de Hitler, el futuro regente, el posible emperador.

Hablando con un jefe de los cascos de acero, me decía: «Hitler es simplemente una etapa más; acaso larga; pero al final no hay más solución que los Hohenzollern». Creo que es una vaga ilusión. De momento, en las calles de Berlín no se vende una postal de Guillermo II o de su hijo que no vaya acompañada de otra de Hitler; la bandera del Imperio se ha restablecido, pero los nazis le han cosido en el centro su cruz gamada; va a ser difícil quitarla.

Guillermo II y los suyos han de aguardar pacientemente. La única esperanza que les queda es que Hitler es célibe y no parece que esté dispuesto a sacrificar su soltería por fundar una dinastía imperial.

La verdad, la verdad

A pesar de todo, no hay que despistarse; de verdad, de verdad, Hitler no era más que un pintor que no sabía pintar, un artista sin talento. Como no acertó a pintar un cuadro discreto, se tuvo que poner a construir un imperio, una *Weltanschauung,* como él dice. Será todo lo que quiera: líder, *Führer,* canciller, regente, emperador; pero la verdad de su alma es que lo que él quería ser era pintor y no tuvo talento bastante para serlo. Si en vez de rechazarlo en la Academia de Pintura de Viena por malo, y de empujarlo a tener que pintar puertas para ganarse la vida, le hubiesen comprado unos cuadritos y le hubiesen publicado unos sueltos encomiásticos en los periódicos, no hubiese habido tal Hitler. Esto, que parece casi una blasfemia, es perfectamente posible.

Cada vez se ve con más claridad que para esta faena de gobernar dictatorialmente a los pueblos no son precisas unas dotes excepcionales. Los grandes conductores de pueblos que nos llegaban a través de la Historia se nos antojaban seres casi sobrenaturales. Ahora resulta que no; que un señor con gabardina que no acierta a pintar un cuadro decorosamente, puede, merced a unas circunstancias providenciales, convertirse en uno de los seres señeros de la Humanidad; el mismo caso se ha repetido ya en Rusia, donde unos teorizantes mediocres han construido un formidable imperio, y en Italia, donde un periodista amanerado ha puesto en pie un país. Hay que pensar que las dictaduras favorecen el encumbramiento de la medianías, de los señores discretos con gabardina.

Lo que no está tan claro es que en un régimen liberal, democrático y parlamentario, donde todos los ciudadanos tienen sueltos los brazos y la lengua, esto sea tan fácil como en los regímenes dictatoriales. En este régimen —el que los españoles estamos ensayando ahora— parece que los periodistas fracasados y los pintores sin fortuna no tienen tantas posibilidades de convertirse en semidioses de la noche a la mañana.

ÍNDICE ONOMÁSTICO

ESTA SEGUNDA REIMPRESIÓN
DE «CRÓNICAS DE LA ALEMANIA NAZI»,
DE MANUEL CHAVES NOGALES,
SE TERMINÓ DE IMPRIMIR
EN BARCELONA
EN EL MES DE DICIEMBRE DE 2025

TÍTULOS PUBLICADOS